Märchenrezepte

»Heute back' ich, morgen brau' ich,
übermorgen hol' ich der Königin
ihr Kind ...«

singt das Rumpelstilzchen, und du weißt sicher, wie das Märchen ausgeht. Aber was das listige Rumpelstilzchen bäckt oder brät, das haben die Gebrüder Grimm im Märchen nicht verraten. Du mußt deine Phantasie schon selbst bemühen. Vielleicht macht es dir sogar Spaß, verschiedene »märchenhafte« Gerichte auszudenken und sie dann auch auszuprobieren. Kochen wirst du sicher, wenn du erwachsen bist; aber es lohnt sich, schon frühzeitig mit dem Üben zu beginnen. Nicht nur für dich selbst wird das vergnüglich und nützlich sein, auch deinen Eltern, den Geschwistern und Freunden kannst du eine Freude bereiten, wenn du sie mit schmackhaften Mahlzeiten überraschst.
Probiere die Rezepte, die in diesem Buch für dich aufgeschrieben sind. Vielleicht wirst du schon bald eine geübte »Küchenfee« oder der »Leibkoch« deiner Familie sein!

Märchen-

Ein Kochbuch für Kinder
von Edith Nell

Union Verlag Stuttgart

rezepte

Illustrationen von Dagmar Elsner-Schwintowsky

Lizenzausgabe für Union Verlag Stuttgart
mit alleinigem Vertriebsrecht in der Bundesrepublik Deutschland,
in Berlin (West), in Österreich und in der Schweiz
Gestaltung: Dieter Weise
Lizenz-Nr. 126/405/13/83
Lichtsatz: INTERDRUCK Graphischer Großbetrieb Leipzig
Druck und buchbinderische Verarbeitung: Sachsendruck Plauen
Printed in the German Democratic Republic
ISBN 3-8139-5618-0

Inhalt

Vorwort

Liest du gern Märchen?
Die drei Kinder, die wir hier vorstellen, hören und lesen sie mit Begeisterung. Christian ist sieben Jahre alt, seine Schwester Susanne hat gerade ihren zehnten Geburtstag gefeiert, und Mathias, der Cousin der beiden, ist schon elf. Oft, wenn die drei zusammen waren, verkleideten sie sich und spielten Märchen nach. Das hast du bestimmt auch schon gemacht.
Eines Tages aber, als sie wieder einmal in der Sammlung der Brüder Grimm gelesen hatten, fiel Mathias auf, daß in vielen Märchen von gutem Essen die Rede ist. Und weil er ein Schlecker ist, schlug er den beiden kleineren vor, sich auszudenken, was es beispielsweise bei Frau Holle oder beim Rumpelstilzchen zu essen gegeben hat.
Susanne und Christian gefiel das sehr, und sie erfanden für viele Speisen ulkige Namen. Du kannst dir sicherlich denken, daß die drei nun auch selbst kochen, braten, backen und überhaupt herstellen wollten, was sie gern essen.
Aber so einfach, wie sie sich das vorstellten, ging es nicht. Das erste Essen, mit dem sie ihre Eltern überraschen wollten, gelang ihnen nicht. Es sollte

Grießbrei und Obstsalat geben, aber der Brei war ihnen angebrannt und der Obstsalat matschig geworden. Außerdem sah die Küche hinterher schlimm wie ein Schlachtfeld aus. Ein Glück, daß die Eltern von Susanne und Christian nicht böse wurden, als sie die Bescherung sahen. Die Mutter sagte nur: Da habt ihr ja ganz schön zu tun, bis ihr alles wieder sauber kriegt!

Du kannst den dreien bestimmt nachfühlen, wie ihnen nach ihrem mißglückten Kochabenteuer zu Mute war. Aber aufgeben?

Ihre Idee kam ihnen so schön vor, daß sie nun richtig kochen lernen wollten. Sie baten ihre Eltern und die Großmutter, ihnen dabei zu helfen.

Mathias kochte mit seinem Vater Nudelgerichte, half beim Kartoffelpuffer- und Eierkuchenbacken, Christian lernte bei seiner Mutter Kuchenteig kneten und Plätzchen ausstechen, und Susanne machte der Großmutter schon bald wunderbare Salate nach. Sie wurden richtige Topfgucker und schrieben sich die Rezepte auf, die sie selbst mit ausprobiert hatten.

Nachdem die drei wußten, wie mit den Zutaten, den Geräten und vor allem mit dem Herd umzugehen war, luden sie auch manchmal Freunde zu Kochnachmittagen ein. Anschließend wurde das Selbstgekochte aufgegessen, und es ging immer sehr lustig dabei zu.

Wenn du willst, kannst du auch kochen lernen. Dieses Buch wird dir dabei helfen. Ehe du dich aber mit den Rezepten beschäftigst, lies unbedingt nach, was auf den folgenden Seiten für dich aufgeschrieben ist. Denn du wirst ja nicht wollen, daß dein erster Versuch ebenso schiefgeht wie der von Susanne, Mathias und Christian!

Viel Spaß beim Kochen und mit diesem Buch wünscht dir Edith Nell.

Was du wissen solltest

Bevor du ein Rezept ausprobierst, mußt du dir einige Grundkenntnisse aneignen. In der Küche passieren oft Unfälle, wenn man unvorsichtig ist. Sogar Erwachsene haben sich schon schlimm verbrannt, geschnitten oder anders verletzt, wenn sie unachtsam waren. Deshalb beachte unbedingt folgendes:

1. Vor deinen ersten Kochversuchen lasse dir von deinen Eltern genau erklären, wie du mit eurem Herd, mit vorhandenen elektrischen und anderen Geräten umgehen mußt. Am besten, du siehst deiner Mutter oder deinem Vater erst mal beim Kochen zu und hilfst bei der Zubereitung. Wenn du dich dann daran machst, Rezepte aus diesem Buch selbständig auszuprobieren, so sollten Erwachsene die ersten Male zu Hause sein. Erst wenn du schon geübt im Kochen bist, kannst du allein oder zusammen mit anderen Kindern in der Küche hantieren.

2. Selbstverständlich bürstest du deine Hände und Fingernägel gründlich, ehe du dich mit der Zubereitung von Lebensmitteln befaßt. Binde auch eine Schürze um, damit deine Kleidung nicht fleckig wird. Und daß niemand ein »Haar in der Suppe« finde, binde deine Haare mit einem Band oder Kopftuch zusammen.

3. Rezepte, die du nachmachen willst, mußt du vorher durchlesen und dann jeden Arbeitsgang gründlich überlegen. Wichtig ist die Reihenfolge, in der du die einzelnen Zutaten vorbereitest. Stelle deshalb alle Geräte, Gefäße und Zutaten bereit, ehe du mit dem Kochen beginnst. Andernfalls kann es passieren, daß beispielsweise das Essen schon kalt ist, bis du die Zuspeisen wie Kartoffeln, Reis oder auch den Salat fertig hast.

4. Überzeuge dich vor dem Kochen (möglichst schon am Tag zuvor), ob alle Zutaten, die du zu deinem Rezept brauchst, bei euch vorrätig sind. Das Essen mißlingt bestimmt, wenn du erst beim Kochen merkst, daß der Zucker, das Mehl, die Eier oder sonstige Zutaten nicht im Hause sind. Mathias hat in dieser Hinsicht ein paarmal »Lehrgeld« bezahlen müssen!

5. Wenn es draußen nicht sehr kalt ist, so mache beim Kochen oder Braten das Küchenfenster einen Spalt breit auf. Die Küchentüre halte zu, damit der Dunst nicht die ganze Wohnung durchzieht.

6. Elektrische Geräte darfst du nie mit nassen oder feuchten Händen anfassen. Wie du weißt, leitet Nässe stark den Strom; auch wenn die Elektrogeräte vorschriftsmäßig abgesichert sind, kann es gefährlich werden, wenn du nasse Hände hast.

Achte unbedingt nach dem Benutzen von elektrischen Geräten darauf, daß sie wieder abgeschaltet sind, wenn du sie nicht mehr brauchst.

Solltest du auf Gas kochen, dann nimm den Gasanzünder oder die Streichhölzer schon zur Hand, ehe du das Gas aufdrehst. Zünde es dann sofort an, damit nicht zuviel Gas in die Küche strömt. Kontrolliere nach dem Kochen, ob die Gashähne auch wirklich geschlossen sind.

Sei überhaupt sehr vorsichtig, wenn du den Elektro- oder Gasherd benutzt. Das gilt auch für die Backröhre. Lege immer gleich die Topflappen bereit, wenn du etwas in der »Röhre« garst. Beim Herausnehmen deines Gebäcks oder deiner Aufläufe kannst du dich sonst sehr verbrennen!

7. Achte darauf, daß die Töpfe, die du zum Kochen verwendest, höchstens dreiviertelvoll mit flüssigen oder anderen Nahrungsmitteln gefüllt sind. Andernfalls hast du Schwierigkeiten beim Umrühren, und außerdem kann das Essen leicht überkochen. Bleibe deshalb auch am Herd stehen, bis die Suppe, die Milch oder das Eintopfgericht aufkocht. Stelle dann die Flamme klein und decke den Deckel erst auf, wenn das Essen nur noch leicht köchelt (sieh im Kochlexikon unter »köcheln« nach).

8. Wenn du etwas in der Pfanne brätst, so stelle diese so auf den Herd, daß der Stiel zur Wand gedreht ist. Sonst kannst du sie schnell mal runterreißen, wenn du eine unvorsichtige Bewegung machst.

9. Damit die Küche nach dem Kochen wieder ordentlich ist, wasche die gebrauchten Geräte, Töpfe, Pfannen und das Geschirr ab. Mache den Herd mit warmem Wasser, in das du ein Spülmittel gibst, wieder sauber. Kehre

dann die Küche aus. Schließlich willst du ja nicht, daß deine Eltern »sauer« werden, weil du ihnen noch zusätzliche Arbeit für den Feierabend aufhebst.

Noch ein letzter Hinweis, bevor du dich den anschließenden Rezeptkapiteln zuwendest:

Es kann sein, daß du den einen oder anderen Begriff, der in den Rezepten vorkommt, nicht kennst. Schlage dann im Kochlexikon (S. 146) nach oder lasse dir einen Arbeitsgang, den du nicht richtig verstehst, von deinen Eltern, deinen größeren Geschwistern oder anderen Erwachsenen erklären!

Tischlein deck dich

… Dann holte der Drechsler das Tischchen und sagte: »Lieber Bruder, nun sprich mit ihm.« Und kaum hatte der Schreiner »Tischchen, deck dich« gesagt, so war es gedeckt und mit den schönsten Schüsseln reichlich besetzt. Da ward eine Mahlzeit gehalten, wie der gute Schneider noch keine in seinem Hause erlebt hatte, und die ganze Verwandtschaft blieb zusammen bis in die Nacht, und waren alle lustig und vergnügt. Der Schneider verschloß Nadel und Zwirn, Elle und Bügeleisen in einen Schrank und lebte mit seinen drei Söhnen in Freude und Herrlichkeit.

Leider gibt es solche Tischlein deck dich, auf denen ruckzuck das köstlichste Essen steht, nur im Märchen. In Wirklichkeit heißt es: Ohne Fleiß kein Preis!
Susanne, Mathias und Christian haben deshalb selbst gekocht, was sie sich vom Zaubertisch wünschen würden. Die Rezepte dazu findest du anschließend. Sind es zufällig auch deine Lieblingsspeisen?

Müller-Knüller

Fischsalat

Du brauchst für 4 Portionen

Geräte:

1 Holzbrett — 1 spitzes Messer —
1 Schüssel — 1 Zitronenpresse —
1 Gabel — 4 Abendbrotteller

Zutaten:

350 g geräucherte Makrelen
3 mittelgroße Zwiebeln
100 g grüne Gurke
2 Tomaten
8 Radieschen
1/4 Teel. Salz
1/2 Zitrone
2 Eßl. Öl
4 Scheiben Vollkornbrot
Petersilie

Säubere zuerst die Makrelen, das heißt entferne die Haut, die Innereien und die Gräten. Gib das saubere Fischfleisch in die Schüssel. Schäle die Zwiebeln und schneide sie in kleine Würfel, gib sie zu dem Fisch. Die grüne Gurke wäschst du ab und schneidest sie in Scheiben, dann auch in kleine Würfel. Gib sie mit in die Schüssel. Wasche die Tomaten und Radieschen gut ab und schneide sie ebenfalls in schöne kleine Würfel. Sie kommen auch in die Schüssel. Nun presse die Zitrone aus und gieße den Saft über die anderen Zutaten. Streue das Salz darüber und füge das Öl hinzu. Nun vermischst du alles gründlich mit der Gabel. Stelle die Schüssel zugedeckt für mindestens 1 Stunde in den Kühlschrank. Kurz vor dem Essen verteilst du den Salat auf die Brote, legst sie auf die Teller und garnierst diese mit Petersilie.

Briklebit

Wurst-Käse-Toast

Du brauchst für 2 Portionen

Geräte:

1 Bratpfanne mit Deckel — 1 Gabel —
1 spitzes Messer — 1 Holzbrett —
1 Toaster — 2 Abendbrotteller — 1 breites Messer

Zutaten:
2 Tomaten
1/2 grüne Gurke, etwas Salz
20 g Butter
2 dicke Scheiben Bierschinken
2 Scheiben Schnittkäse
2 Scheiben Weißbrot

Wasche zuerst die Tomaten und die Gurke ab, schneide die Tomaten in Viertel, entferne dabei den Stielansatz, schneide die Gurke in Scheiben und bestreue sie mit ganz wenig Salz. (Wenn die Gurke nicht mehr jung und zart ist, mußt du sie vorher schälen.)
Nun gibst du die Butter in die Pfanne, läßt sie auf mittelgroßer Flamme zerlaufen und legst die Bierschinkenscheiben ein. Lasse sie 3 Minuten braten, drehe sie um und lege die Käsescheiben darüber. Setze den Deckel auf die Pfanne, stelle die Flamme klein und lasse die Wurst-Käse-Scheiben 5 bis 6 Minuten dünsten. Danach ist der Käse geschmolzen und etwas verkrustet. Inzwischen toaste das Weißbrot, stelle dabei den Toaster auf »Mittelgang« ein, damit das Brot nicht braun wird. Lege die getoasteten Weißbrotscheiben auf die Teller, verteile die Wurst-Käse-Scheiben darauf und garniere mit den Tomatenvierteln und Gurkenscheiben. Das muß schnell gehen, damit »Briklebit« heiß auf den Tisch kommt.

Knüppel im Sack

Würstchen im Blätterteig

Du brauchst für 4 Portionen
Geräte:
1 großes Holzbrett — 1 Nudelholz —
1 spitzes Messer — 4 Teller — 1 Backblech
Zutaten:
1/2 Päckchen Gefrierkostblätterteig
etwas Mehl zum Teigausrollen
4 Wiener Würstchen
4 Tomaten
1 Päckchen Schnittlauch, Salz

Lasse den Blätterteig auftauen, rolle ihn dann auf dem bemehlten Holzbrett mit der Nudelrolle aus, bis er 4 bis 5 mm dick ist. Schneide ihn in 4 rechteckige Teile, die 8 cm breit und 15 cm lang sind. Lege die Würstchen darauf und wickle sie in die Teigrechtecke. Die Kanten mußt du fest andrücken. Stelle die Backröhre auf große Hitze ein, lege die Blätterteigrollen auf das Backblech, das du vorher mit kaltem Wasser abspülst, und schiebe es in den heißen Ofen. Lasse es ungefähr 12 Minuten drin. Nach 10 Minuten kannst du mal nachsehen, ob deine »Knüppel im Sack« schon goldbraun sind. Dann sind sie nämlich fertig! Sei vorsichtig beim Herausnehmen, benutze dicke Topflappen! Während die »Knüppel im Sack« im Ofen sind, wäschst du die Tomaten, schneidest sie in Scheiben und legst sie auf die Tellerränder. Den Schnittlauch wäschst du und schneidest ihn klein. Streue ihn über die Tomatenscheiben und gib ein bißchen Salz darüber. In die Mitte kommen dann die fertigen »Knüppel im Sack«.

Goldeselpfanne

gebackene Nudeln

Du brauchst für 2 Portionen

Geräte:

1 Topf – 1 Holzlöffel – 1 Sieb – 1 Holzbrett – 1 spitzes Messer – 1 große Pfanne mit Deckel – 1 Gabel

Zutaten:

100 g Bandnudeln
1 Eßl. Salz
1 Zwiebel
30 g Margarine
100 g Jagdwurst
3 Eßl. geriebener Käse

Gieße 2 l Wasser in den Topf, gib das Salz hinein und bringe das Wasser auf großer Flamme zum Kochen. Schütte die Nudeln hinein, stelle die Flamme klein und rühre mit dem Holzlöffel um, damit die Nudeln nicht anbacken. Nach 2 bis 3 Minuten setzt du den Deckel auf (aber den Topf nicht ganz zudecken) und läßt die Nudeln noch 10 bis 15 Minuten kochen. Die Kochzeit hängt von der Sorte ab. Prüfe nach 10 Minuten, ob die Nudeln gar sind. Sie sollen nicht zu weich sein. Schütte dann die Nudeln in das Sieb, lasse kurz kaltes Wasser darüberlaufen und die Nudeln abtropfen.

Bereite nun die anderen Zutaten vor. Schäle die Zwiebel und schneide sie in kleine Würfel. Die Jagdwurst schneidest du in dünne Streifen. Gib dann die Margarine in die Pfanne und setze sie auf eine große Flamme. Wenn die Margarine zerlassen ist, gibst du die Zwiebelwürfel und Jagdwurststreifen dazu und läßt sie 2 Minuten braten (dabei ständig mit der Gabel umrühren). Fülle die abgetropften Nudeln darüber, stelle die Flamme klein und brate alles zusammen noch 5 Minuten. Dabei mußt du alles öfters mit der Gabel vermischen. Streue dann den Käse darüber, decke den Deckel auf und lasse die »Goldeselpfanne«

noch 4 bis 5 Minuten auf kleiner Flamme stehen.
Du könntest als Vitaminbeikost Möhrensalat (siehe Rezeptverzeichnis) servieren. Den mußt du allerdings schon machen, ehe du mit der »Goldeselpfanne« anfängst.

Schreinerschmaus

gebratener Reis

Du brauchst für 2 Portionen

Geräte:
1 Topf – 1 Holzbrett – 1 spitzes Messer – 1 Holzlöffel – 1 Tasse – 1 Gabel – 1 Schüssel – 1 große Pfanne

Zutaten:
1 Beutel Kurzkochreis, 1 Teel. Salz
2 Zwiebeln
3 Eier, 1 Eßl. Suppenwürze flüssig
4 Eßl. Öl

Gicße 1½l Wasser in den Topf, gib das Salz hinein und bringe es auf großer Flamme zum Kochen. Lege den Reisbeutel hinein, stelle die Flamme klein und decke den Topf mit dem Deckel zu. Lasse den Reis 9 Minuten kochen, gieße ihn dann ab und lasse ihn im Beutel noch 20 Minuten abkühlen.

Inzwischen schälst du die Zwiebeln und schneidest sie in sehr kleine Würfel (siehe im Kochlexikon). Die Eier schlägst du nacheinander in die Tasse, fügst die flüssige Suppenwürze hinzu und verrührst alles mit der Gabel. Schneide den Reisbeutel auf und schütte den Reis in die Schüssel.
Wenn du das alles so vorbereitet hast, gibst du das Öl in die Pfanne und läßt es auf großer Flamme heiß werden. Danach schütte die Zwiebelwürfel hinein und lasse sie ½ Minute braten. Dabei mußt du ständig mit dem Holzlöffel umrühren, die Zwiebelwürfel dürfen nur glasig werden, nicht braun! Nun gibst du den Reis dazu und brätst ihn 3 bis 4 Minuten auf großer Flamme. Dabei ständig mit der Gabel rühren! Wenn der Reis anfängt, gelblich zu werden, gießt du die mit Sup-

penwürze vermischten Eier darüber und läßt alles noch 2 bis 3 Minuten braten. Dabei mußt du ständig mit dem Holzlöffel den Reis und die Eier vermischen. Der Schreinerschmaus ist dann fertig, und wenn du einen frischen Salat (wie im Kapitel Rapunzel beschrieben) dazu servierst, kannst du für dich und deine Freunde oder Eltern ein sehr gutes Essen auf den Tisch bringen.

Gesellenstück

Reisauflauf

Du brauchst für 4 Portionen
Geräte:
1 Sieb – 1 mittelgroßer Topf –
1 Holzlöffel – 2 Schüsseln – 1 Gabel –
1 Schlagbesen – 1 Auflaufform

Zutaten:
150 g Reis
5 Eßl. Wasser
1/4 l Milch
1 Päckchen Vanillinzucker
1 Prise Salz
6 Eier
6 Eßl. Puderzucker
60 g Butter
1/2 Teel. abgeriebene Zitronenschale
1 Eßl. geriebene Semmel

Schütte den Reis in ein Sieb und spüle ihn mit kaltem Wasser gründlich ab. Dann gibst du den Reis in den Topf. Gieße das Wasser und die Milch darüber, füge die Prise Salz und den Vanillinzucker zu und setze den Topf auf eine kleine Flamme. Rühre öfters mit dem Holzlöffel um, bis der Reis zu kochen anfängt. Lasse den Reis dann auf ganz kleiner Flamme ausquellen. Während dieser Zeit (etwa 15 Minuten) darfst du nicht mehr rühren! Wenn der Reis ausgequollen ist, d. h., wenn die Flüssigkeit verdampft ist, läßt du ihn abkühlen. Nun schlägst du die Eier nacheinander auf (siehe im Kochlexikon) und läßt das Eiweiß in die eine, das Eigelb in die andere Schüssel laufen. Das Eigelb rührst du mit dem Puderzucker, mit der abgeriebenen Zitronenschale und mit 20 g von der Butter schaumig. Nimm die Gabel dazu! Die Eiweiß mußt du mit dem Schneebesen steifschlagen. (Wenn ihr eine Küchenmaschine habt, geht es schneller. Lasse dir aber vorher von deiner Mutter erklären, wie man damit hantiert.) Wenn du alles vorbereitet hast, vermischst du den Reis mit der Eigelbmasse und zuletzt mit dem Eischnee. (Vorsicht, der Eischnee darf nicht zu sehr verrührt werden!) Heize nun die Backröhre an. Streiche

die Auflaufform mit 20 g Butter aus und fülle sie mit der Reismasse. Verteile die restlichen 20 g Butter darüber und streue die geriebene Semmel darauf. Nun stellst du die Form in die Backröhre und läßt dein »Gesellenstück« 25 Minuten backen. Die Hitze der Backröhre stellst du auf 175 bis 200°C ein. Schaue nach 20 Minuten mal nach, ob der Auflauf schon bräunlich ist. Dabei wieder Vorsicht, benutze dicke Topflappen.
Du kannst noch Birnen oder anderes Kompott zu deinem »Gesellenstück« servieren.

Meistertopf

Makkaroniauflauf

Du brauchst für 4 bis 5 Portionen

Geräte:
1 großer Topf – 1 großes Sieb – 1 Holzlöffel – 1 Holzbrett – 1 spitzes Messer – 1 Gabel – 1 Bratpfanne – 1 große feuerfeste Form – 1 Tasse

Zutaten:
1 Päckchen Makkaroni (375 g), 2 Eßl. Salz
60 g Margarine
200 g Jagdwurst
100 g Salami
1 große Zwiebel
2 Eier
4 Tomaten
4 Eßl. geriebener Käse
1 Eßl. geriebene Semmel
20 g Butter

Gieße zuerst 4 l Wasser in den Topf, gib das Salz hinein und setze den Topf mit Deckel auf eine große Flamme. Wenn das Wasser kocht, schüttest du die Makkaroni hinein. Rühre öfters um, damit sie nicht anbacken. Wenn das Wasser wieder kocht, stellst du die Flamme ganz klein und gibst den Deckel wieder darauf. Nun läßt du die Makkaroni leicht kochen, bis sie fast weich sind. Das dauert ungefähr 15 bis 20 Minuten. Es kommt auf die Sorte an. Zwischendurch mußt du mit dem Holzlöffel öfters umrühren.
In der Zwischenzeit – nachdem du das Wasser angesetzt hast – schneidest du die Jagdwurst in dünne Streifen und die Salami in dünne Scheiben. Die Zwiebel schneidest du in kleine Würfel (guck im Kochlexikon nach, wie du das machen kannst, ohne zu »weinen«!). Die Tomaten wäschst du ab und schneidest sie in dicke Scheiben, entferne dabei den Stielansatz. Nun läßt du die Bratpfanne heiß werden und gibst die Margarine hinein.

Wenn sie zerlassen ist, schüttest du die Zwiebelwürfel hinein und läßt sie kurz dünsten. Dabei mußt du ständig mit dem Holzlöffel umrühren. Wenn du diese Zutaten vorbereitet hast, ist es sicherlich schon so weit, daß du die Makkaroni abgießen kannst. Stelle dir dazu das Sieb in das Abwaschbecken, gieße die Makkaroni hinein (Vorsicht, Topflappen!), überspüle sie mit kaltem Wasser, dann lasse sie einige Minuten stehen, damit sie abtropfen.

Nun heizt du die Backröhre vor und schichtest die Zutaten in die feuerfeste Form. Gib zuerst ein bißchen von den Zwiebelwürfeln hinein und etwas zerlassene Margarine, lege die Hälfte der Makkaroni darüber und verteile die Jagdwurstscheiben darauf. Nun kommt die Hälfte der Tomatenscheiben darauf, bestreue sie mit ganz wenig Salz und mit ein paar Zwiebelwürfeln. Lege die restlichen Makkaroni in die Form und verteile die Salami- und restlichen Tomatenscheiben sowie die restlichen Zwiebelwürfel mit der zerlassenen Margarine darüber. Schlage die Eier in eine Tasse, verrühre sie mit der Gabel und gieße sie gleichmäßig über den Auflauf. Streue die geriebene Semmel und den Käse darauf und setze Butterflöckchen auf.

Stelle nun den Auflauf in die Backröhre und lasse ihn bei Mittelhitze (175 bis 200 °C) ungefähr 30 Minuten backen. Achte darauf, daß er oben nicht verbrennt, eventuell mußt du die Hitze reduzieren. Beim Herausnehmen Vorsicht, verwende dicke Topflappen! Zu dem »Meistertopf« könntest du einen frischen Salat (wie im Kapitel Rapunzel) servieren.

Frau Elster

überbackene Tomateneier

Du brauchst für 4 Portionen

Geräte:

1 Topf – 1 Eßlöffel – 1 Holzbrett – 1 spitzes Messer – 2 Teller – 1 große Pfanne – 1 Gabel – 1 kleinere Schüssel – 1 Holzlöffel – 1 feuerfeste Form

Zutaten:

4 Eier, Salz
6 Tomaten, 2 Zwiebeln
100 g Magerspeck
50 g Margarine
30 g Mehl
$^1/_2$ l Milch
100 g geriebener Käse
$^1/_2$ Teel. Edelsüßpaprika
10 g Butter

Bringe in dem Topf 1 l Wasser zum Kochen, schütte 1 Eßlöffel Salz hinein und lasse vorsichtig die Eier hineingleiten. Nimm jedes einzeln auf den Eßlöffel, damit sie nicht platzen. (Das Salz im Wasser verhindert, daß geplatzte Eier auslaufen.) Lasse die Eier 4 bis 5 Minuten kochen, größere Eier brauchen ein bißchen länger als kleine. Gieße dann das Kochwasser ab und lasse in den Topf über die Eier kaltes Wasser laufen, damit sie abgeschreckt werden. Schneide dann die Tomaten (vorher waschen und Stielansätze ausschneiden) in dicke Scheiben, dann in größere Würfel, gib sie auf einen Teller. Die Zwiebeln schäle, schneide sie in kleine Würfel und schütte sie auf den zweiten Teller. Schneide den Magerspeck in dünne Scheiben.

Nun setze die Pfanne auf eine große Flamme, zerlasse darin 25 g, d. h. die Hälfte der Margarine, lege die Magerspeckscheiben hinein und lasse sie braten, bis sie glasig sind. Das dauert nur 1 bis 2 Minuten. Wende dann die Speckscheiben und schütte die Zwiebelwürfel dazu und lasse alles zusammen noch 2 bis 3 Minuten dünsten. Stelle dabei die Flamme klein und rühre ständig mit dem Holzlöffel um. Mische ein kleines bißchen Salz (2 Messerspitzen) darunter und schütte den Pfanneninhalt in die Schüssel. Gib nun die zweite Hälfte der Margarine in die Pfanne, lasse sie auf kleiner Flamme zerlaufen, rühre das Mehl darunter und lasse es »schwitzen«, bis sich die Margarine und das Mehl verbunden haben. Dabei ständig umrühren! Dann gieße die Milch nach und nach dazu und lasse alles aufkochen. Stelle nun die Flamme so klein wie möglich und lasse die dicke Soße 2 Minuten durchkochen. Rühre ständig mit dem Holzlöffel um, damit nichts anbrennt. Nimm die Pfanne vom Feuer und rühre den Käse unter die Soße. Schmecke ab, ob noch ein bißchen Salz fehlt, und rühre auch den Edelsüßpaprika darunter. Nachdem du das alles so vorbereitet hast, heize die Backröhre an, stelle sie auf etwa 220 bis 250°C ein.

Fülle in die feuerfeste Form das Gemisch aus Speckscheiben, Tomaten- und Zwiebelwürfeln, schäle die Eier und ordne sie darüber an, gieße die dicke Käsesoße darüber und verteile die Butter in Flöckchen darauf. Stelle die Auflaufform in den heißen Backofen und lasse »Frau Elster« 12 Minuten überbacken. Vorsicht beim Herausnehmen, dicke Topflappen benutzen!

Dieser Auflauf ist gar nicht so schwierig.

herzustellen, wie du auf den ersten Blick denken könntest. Du mußt nur alles vorher gut überlegen und vorbereiten.
Zu »Frau Elster« paßt Reis oder Kartoffelbrei. Und als tüchtiger Küchenchef wirst du bestimmt noch einen frischen Salat dazu servieren.

Schlemmerschüssel

Obstsalat

Du brauchst für 4 bis 5 Portionen

Geräte:
1 Tasse – 1 Holzbrett – 1 spitzes Messer – 1 große Schüssel – 1 kleinere Schüssel – 1 Gabel – Kompottschälchen – 1 Zitronenpresse – 1 Löffel – 1 Sieb

Zutaten:
2 Eßl. Rosinen, 3 Apfelsinen
2 Bananen oder 4 Birnen
6 Äpfel, 1 Zitrone
1 Eßl. Fruchtsirup
200 g Quark
4 Eßl. Kaffeesahne, 4 Eßl. Zucker

Weiche zuerst die vorher in warmem Wasser gewaschenen Rosinen mit kaltem Wasser in der Tasse ein. Schäle die Apfelsinen, schneide sie in Scheiben, dann in kleinere Würfel, gib sie sofort in die große Schüssel, damit kein Saft verlorengeht. Die Apfelsinenwürfel müssen zuerst in die Schüssel, damit das übrige Obst nicht braun wird. Schneide die Äpfel in Viertel, schäle sie, schneide das

Kerngehäuse aus und zerteile die Apfelviertel auch in kleine Würfel. Gib sie zu den Apfelsinen und rühre alles um. Dann schälst du die Bananen, schneidest sie in 1 cm dicke Scheiben und gibst sie auch in die Schüssel. (Wenn du Birnen verwendest, behandelst du sie wie die Äpfel.) Nun gießt du die Rosinen in das Sieb und dann in die Schüssel zu dem Obst. Presse die Zitrone aus, vermische den Saft und den Fruchtsirup mit dem Obst in der Schüssel und lasse es 30 Minuten stehen. Inzwischen machst du die Quarksoße. Dazu gibst du den Quark in die kleinere Schüssel, gießt die Kaffeesahne dazu und den Zucker. Schlage alles mit der Gabel glatt. Wenn das Obst in der großen Schüssel 30 Minuten steht, bildet sich ziemlich viel Saft. Diesen gießt du vorsichtig zu dem Quark und verrührst wieder gründlich mit der Gabel. Die so entstandene dickliche Soße vermischst du nun vorsichtig mit dem Obst in der großen Schüssel. Nimm den Löffel dazu. Stelle den Obstsalat ungefähr 30 Minuten in den Kühlschrank, ehe du ihn in Kompottschälchen oder Gläser verteilst und servierst. Wenn du den Salat besonders gut haben willst, kannst du noch Schokolade raspeln und die Portionen damit verzieren.

Mecker-Schleck

Quark mit Früchten

Du brauchst für 4 Portionen

Geräte:

1 Schüssel – 1 Gabel – 1 Topf – 1 Holzlöffel – 1 Tasse – 1 Zitronenpresse – 1 Glas- oder Porzellanschüssel – 1 Schneebesen

Zutaten:

250 g Quark
1 Ei
4 Eßl. Zucker
30 g Stärkemehl
1 Prise Salz
1/4 l Milch
1 Zitrone, 4 Apfelsinen

Gib den Quark in die Schüssel, schlage das Ei hinein, schütte den Zucker darüber und vermische alles gründlich mit der Gabel. Verrühre das Stärkemehl mit 6 Eßlöffel Wasser und dem Salz in der Tasse. Gieße die Milch in den Topf, lasse sie aufkochen, gieße das angerührte Stärkemehl hinein und rühre mit dem Holzlöffel um, bis die Milchmasse wieder aufkocht. Dann sofort vom Feuer nehmen. Lasse nun die dickliche Milchmasse abkühlen. Inzwischen preßt du die Zitrone aus und schälst die Apfelsinen.

Schütte die abgekühlte Milchmasse zu dem Quark und gib den Zitronensaft dazu. Vermische alles gründlich mit einem Schneebesen und rühre die Masse schön glatt. Dann schneidest du 3 Apfelsinen in Scheiben und eine zerteilst du in Spalten. Fülle nun in die Glasschüssel $\frac{1}{3}$ der Quarkmasse, lege die Hälfte der Apfelsinenscheiben darauf, verteile wieder $\frac{1}{3}$ der Quarkmasse darüber und lege die restlichen Apfelsinenscheiben darauf. Nun kommt das letzte Drittel Quarkmasse darüber, und du brauchst deinen »Mecker-Schleck« nur noch mit den Apfelsinenspalten zu garnieren. Stelle ihn aber noch 30 Minuten kalt, ehe du ihn deiner Familie vorsetzt.

Bunte Wiese

Obsttorte

Du brauchst für die Torte

Geräte:

1 Schüssel – 1 großes Sieb –
1 Meßbecher – 1 Tasse – 1 Teelöffel –
1 Topf – 1 Holzlöffel – 1 Messer

Zutaten:

1 großes Glas gemischte Früchte
2 Eßl. Zucker, 10 g Gelatine
1 Tortenboden

Hänge das Sieb über die Schüssel, gieße das Obst hinein und lasse es wenigstens 15 Minuten abtropfen. Vermische die Gelatine in der Tasse mit 6 Eßlöffel Wasser und rühre öfters mit dem Teelöffel um, damit sich kein Bodensatz bildet. Gieße den Fruchtsaft in den Meßbecher und gib so viel Wasser dazu, daß $\frac{1}{4}$ l Flüssigkeit entsteht. Diese gießt du in den Topf, fügst den Zucker zu und läßt sie auf mittelgroßer Flamme aufkochen. Dabei öfters mit dem Holzlöffel umrühren! Nimm den Topf sofort vom Feuer, rühre die Gelatine darunter und stelle den Topf kalt.

Nun verteilst du die Früchte auf dem Tortenboden. Größere Stücke schneidest du in Streifen und Scheibchen und legst alles so, daß ein Muster entsteht. Wenn der Fruchtsaft schon ziemlich dick (man nennt das »gestockt«) ist, verteilst du ihn über die Torte und stellst sie kalt, bis alles schön fest ist. Erst dann kannst du die »Bunte Wiese« aufschneiden.

König Drosselbart

… Endlich kamen sie an ein ganz kleines Häuschen, da sprach sie:

»Ach Gott, was ist das Haus so klein!
Wem mag das elende winzige Häuschen sein?«

Der Spielmann antwortete: »Das ist mein und dein Haus, wo wir zusammen wohnen.«

»Wo sind die Diener?« sprach die Königstochter.

»Was Diener!« antwortete der Bettelmann, »du mußt selbst tun, was du willst getan haben. Mach nur Feuer an und stell Wasser auf, daß du mir mein Essen kochst.« …

Aller Anfang ist schwer, auch beim Kochen. Aber da es sogar die Königstochter im Märchen vom »König Drosselbart« gelernt hat, wirst du es erst recht bald können. Versuche es zuerst mit leicht herzustellenden Gerichten. Susanne, Mathias und Christian haben mit Tütensuppen, Puddings und Halbfertiggerichten angefangen. Wie man sie nach eigenem Geschmack etwas verändern kann, dafür findest du Beispiele in diesem Kapitel.

Zinshahn

Schokoladensuppe

Du brauchst für 4 Portionen

Geräte:
1 Topf – 1 Tasse – 1 Löffel – 1 Quirl

Zutaten:
1 l Milch
1 Päckchen Schokoladenpuddingpulver
10 g Butter
4 Eßl. Zucker
1 Prise Salz
1 großes Ei
2 Eßl. Kaffeesahne
Toasts

Gieße die Milch in den Topf, nimm 4 Eßlöffel davon heraus und verrühre sie mit dem Puddingpulver in der Tasse. Setze den Topf auf eine große Flamme, gib 10 g Butter, den Zucker, das Salz hinein und lasse die Milch aufkochen. Dann gieße sofort den eingerührten Schokoladenpudding hinein. Rühre dabei öfters um. Laß die Suppe aufkochen und nimm den Topf gleich vom Feuer. Verquirle in der Tasse das Ei mit der Kaffeesahne, rühre es unter die heiße Puddingsuppe, quirle kräftig durch und bringe die Suppe sofort zu Tisch. Bereite vorher schon die Toasts vor (siehe Kochlexikon). Wenn du noch einen frischen Salat dazu servierst, hast du der Familie ein gutes Abendbrot gemacht. Den Salat mußt du aber schon zubereiten, bevor du mit dem Kochen der Suppe beginnst, damit diese nicht kalt wird, ehe du alles fertig hast.

Weinfaß

Schichtpudding

Du brauchst für 4 bis 6 Portionen

Geräte:
1 Topf – 1 Tasse – 1 Löffel –
1 Holzlöffel – 1 Schüssel – 1 Quirl –
1 Servierteller

Zutaten:
1 l Milch
1 Schokoladenpuddingpulver
1 Vanillepuddingpulver
6 Eßl. Zucker, Salz
Erdbeersirup
Obst zum Garnieren

Gieße in den Topf ½ l Milch, nimm 3 Eßlöffel davon heraus und verrühre sie in der Tasse mit dem Schokoladenpuddingpulver. Gib zu der Milch in den Topf 3 Eßlöffel Zucker und 1 Messerspitze Salz. Bringe sie auf großer Flamme zum

Kochen, rühre dabei öfters mit dem Holzlöffel um. Wenn die Milch aufkocht, gieße das angerührte Schokoladenpuddingpulver dazu, rühre um, laß aufkochen und nimm den Topf sofort vom Feuer. Spüle die Schüssel aus und gieße den Schokoladenpudding hinein. Stelle die Schüssel kalt. Wasche dann den Topf aus und wiederhole alles genau so mit dem Vanillepudding. Wenn er fertig ist, quirle ihn gründlich durch und gieße ihn über den abgekühlten Schokoladenpudding in die Schüssel. Lasse den Pudding völlig kalt werden, damit er fest wird.

Inzwischen bereite das Obst zum Garnieren vor. Du kannst frische oder eingeweckte Erdbeeren, Kirschen, Aprikosenviertel oder Apfelsinenspalten zum Garnieren verwenden. Wenn der Pudding fest ist, lege den Servierteller über die Schüssel, drehe alles um und lasse den Pudding auf den Servierteller gleiten. Garniere ihn mit den Obststücken. Gieße etwas Erdbeersirup darüber und bringe ihn zu Tisch.

Bettelmannssuppe

Nudelsuppe aus der Tüte

Du brauchst für 3 Portionen

Geräte:

1 Topf – 1 Tasse – 1 Holzlöffel – 1 Holzbrett – 1 Wiegemesser

Zutaten:

1 Tüte Nudelsuppe mit Rindfleisch
20 g Butter
1 Sträußchen Petersilie

Gieße in den Topf ½ l Wasser und bringe es auf großer Flamme zum Kochen. Inzwischen schütte in die Tasse die Tütensuppe und verrühre sie mit 5 Eßl. Wasser. Wenn das Wasser im Topf kocht, rühre die Tütensuppe hinein, lasse sie unter Rühren aufkochen, stelle die Flamme klein und lasse die Suppe ungefähr 10 Minuten zugedeckt kochen. (Sieh auf dem Beutel nach, wie lange die Suppe kochen muß. Manche Beutelsuppen sind auch für 1 l Wasser berechnet.

Das mußt du berücksichtigen.) Inzwischen wasche und wiege die Petersilie (die dicken Stengel nicht mit verwenden). Wenn die Suppe fertig ist, rühre Butter und gewiegte Petersilie darunter und bringe sie zu Tisch.
Du könntest einen frischen Salat und kräftiges Brot dazu servieren, das ergibt eine gute Mahlzeit zum Beispiel für abends.

Spielmannslinsen

Linsensuppe

Du brauchst für 4 Portionen

Geräte:
1 größerer Topf – 1 spitzes Messer –
1 Kartoffelschäler – 1 Schüssel –
1 Holzlöffel

Zutaten:
1 Päckchen kochfertiges Linsengericht
2 Knacker
4 mittelgroße Kartoffeln
1 Eßl. Essig, 1 Teel. Zucker

Gieße in den Topf 1¼ l Wasser. Schütte das kochfertige Linsengericht hinein. Schneide die Knacker in der Mitte durch, gib sie auch in den Topf. Schäle die Kartoffeln, spüle sie ab und zerschneide sie in kleine Würfel. Gib sie zu dem Linsengericht und setze den Topf auf eine große Flamme. Bringe alles zum Kochen, rühre dabei ständig mit dem Holzlöffel um, damit nichts anbrennt. Wenn die ziemlich dicke Suppe aufkocht, stelle die Flamme klein, decke den Topf mit dem Deckel zu und lasse das Essen 10 Minuten kochen. Zwischendurch mal umrühren! Dann schalte die Flamme aus und lasse den Topf zugedeckt noch 10 Minuten stehen. Schmecke nun die Suppe mit Essig und Zucker ab und bringe sie zu Tisch.

Schneller Hans

Gulaschsuppe

Du brauchst für 2 Portionen

Geräte:
1 großer Topf – 1 Holzlöffel –
1 Holzbrett – 1 spitzes Messer –
1 Pfanne – 1 Gabel – 1 Wiegemesser –
1 kleine Schüssel

Zutaten:
1 Tüte Rindfleischsuppe
(z. B. nach Ochsenschwanzart)
40 g Margarine
2 altbackene Semmeln
1 Sträußchen Petersilie

Gieße in den Topf 1½ l lauwarmes Wasser, schütte die Tütensuppe hinein, rühre mit dem Holzlöffel um und bringe die Suppe auf großer Flamme zum Kochen. Rühre dabei öfters mit dem Holzlöffel um. Dann stelle die Flamme klein, decke den Topf mit dem Deckel zu und lasse die Suppe 10 Minuten kochen. (Schmecke ab, ob noch etwas Salz fehlt. Du kannst auch mit flüssiger Suppenwürze abschmecken.) Inzwischen schneide die altbackenen Semmeln in Scheiben, anschließend in Würfel. Zerlasse in der Pfanne die Margarine, gib die Semmelwürfel hinein und lasse sie ringsum hellbraun rösten. Wende dabei ständig mit der Gabel um.
Wenn die Suppe 10 Minuten gekocht hat und die Semmelrösteln fertig sind, wasche und wiege die Petersilie (die dicken Stengel nicht verwenden!). Serviere die Suppe, nachdem sie noch 10 Minuten gestanden hat, gleich in den Tellern, streue gewiegte Petersilie darüber und bringe die Semmelwürfel in der kleinen Schüssel extra zu Tisch, damit sich jeder selbst davon in die Suppe tun kann.

Spottdrosseln

Pommes frites mit gebratener Wurst

Du brauchst für 3 Portionen

Geräte:
1 größere Pfanne – 1 Gabel –
1 Löffel – 1 kleinere Pfanne –
1 Messer – 1 Servierplatte

Zutaten:
1 Päckchen gefrorene Pommes frites
Salz
2 Eßl. Öl
20 g Margarine
3 dicke Scheiben Jagdwurst oder Bierschinken (je 50 g)

Gieße in die große Pfanne das Öl, setze es auf eine große Flamme und lasse das Öl sehr heiß werden. Schütte die Pommes frites hinein, lasse sie braten, bis sie goldbraun sind. Das dauert 5 bis 6 Minuten, wende dabei öfters mit der Gabel um, damit die Kartoffelstäbchen von allen Seiten knusprig werden. Gleichzeitig zerlasse in der kleineren Pfanne die Margarine, lege die Wurstscheiben hinein und lasse sie von jeder Seite auf mittlerer Flamme 3 Minuten braten. Verteile die fertigen Pommes frites auf der Servierplatte, streue ein wenig Salz darüber und lege die »Spottdrosseln« (die gebratenen Wurstscheiben) darauf. Bringe alles sofort mit einem frischen Salat (siehe Rezeptverzeichnis) zu Tisch. Bereite ihn aber schon vor, ehe du die anderen Speisen herstellst.

Spiegelchen

Kartoffelbrei mit Spiegelei

Du brauchst für 3 Portionen

Geräte:

1 Holzbrett – 1 spitzes Messer – 1 Salatschüssel – 1 Gabel – 1 Pfanne – 1 breites Messer – 1 Löffel – 1 Topf – 1 Schüssel für Kartoffelbrei

Zutaten:

3 Tomaten
1 Zwiebel
1/4 Teel. Salz
1 Teel. Essig
1 Prise Zucker
1 Eßl. Öl
4 Eßl. Wasser
20 g Margarine
3 Eier
30 g Butter
1 Päckchen Kartoffelpüree
1 Tasse Milch

Bereite erst den Tomatensalat vor. Wasche die Tomaten, entferne den Stielansatz, schneide die Tomaten in Scheiben und gib sie in die Schüssel. Schäle die Zwiebel, schneide sie halb durch, dann in dünne Scheiben und gib sie zu den Tomaten. Streue ein wenig Salz darüber, gib den Essig, den Zucker, das Öl sowie 4 Eßl. Wasser dazu und vermische den Salat vorsichtig mit der Gabel. Stelle ihn für 20 Minuten in den Kühlschrank.
Inzwischen zerlasse in der Pfanne auf mittelgroßer Flamme die Margarine, schlage die Eier einzeln hinein, bestreue sie mit ganz wenig Salz und lasse sie 3 bis 4 Minuten braten (Flamme dabei klein stellen!), bis das Eiweiß geronnen ist.
Während die Eier braten, bereite das Kartoffelpüree genauso zu, wie auf der Tüte angegeben ist. Drücke in den fertigen Kartoffelbrei drei Vertiefungen, lege in jede 1 Spiegelei. Wenn du die Eier aus

der Pfanne genommen hast, gib die Butter in die Pfanne, lasse sie schnell anbräunen und verteile sie über die Eier in den Vertiefungen. Serviere die »Spiegelchen« sofort mit dem Tomatensalat.

Drosselbart

Hefeklöße mit Kompott

Du brauchst für 3 Portionen

Geräte:

1 großer Topf – 1 großes Drahtsieb –
1 kleinerer Topf – 1 Holzlöffel –
1 Pfanne – 1 Löffel –
2 Servierschüsseln – 1 Tasse

Zutaten:

1 Beutel gefrorene Hefeklöße
1 Päckchen gefrorene Johannisbeeren (oder beliebiges Kompott)
4 Eßl. Zucker
4 Eßl. Kaffeesahne
50 g Butter

Lasse die Hefeklöße auftauen. Gieße in den großen Topf 2 l Wasser, setze ihn auf eine große Flamme. Wenn das Wasser zu dampfen anfängt, hänge das Drahtsieb darüber, gib die Hefeklöße in das Sieb, decke den Topfdeckel darüber und lasse die Klöße ungefähr 20 bis 25 Minuten dämpfen. Wenn das Wasser im Topf kocht, stelle die Flamme auf Mittelhitze.

Inzwischen schütte in den kleineren Topf die Johannisbeeren, gieße so viel Wasser darüber, daß sie nicht ganz bedeckt sind, schütte den Zucker hinein und lasse die Beeren aufkochen. Dabei mußt du oft mit dem Holzlöffel umrühren. Nach dem Aufkochen stelle die Flamme klein und lasse die Beeren noch 1 Minute dünsten. Dann nimm sie vom Feuer, gieße sie in eine Servierschüssel und rühre, wenn die Beeren abgekühlt sind, die Kaffeesahne darunter. Nun gib die Butter in die Pfanne, lasse sie auf kleiner Flamme anbräunen, gib sie dann in die Tasse. Decke den Tisch, stelle Beeren und Butter bereit und nimm die fertigen Hefeklöße aus dem Sieb. Beachte, daß die Hefeklöße erst völlig auf-

getaut sein müssen, ehe du sie dämpfst. Andernfalls dauert es wenigstens 10 Minuten länger, bis sie gar sind. Serviere die fertigen Hefeklöße sofort in der zweiten Servierschüssel.

Ende gut, alles gut

Klöße mit Sauerkohl

Du brauchst für 4 Portionen

Geräte:
1 großer Topf – 1 Sieblöffel – 1 Schüssel – 1 Gabel – 1 Holzbrett – 1 spitzes Messer – 1 Pfanne – 1 Servierschüssel

Zutaten:
Sauerkohl mit Kaßlerscheiben (sieh im Rezeptverzeichnis unter »Sauerkohl mit Kaßler – Katerlieschen« nach)
1 Tüte Kartoffelkloßmehl
1 Ei
1 altbackene Semmel
20 g Butter

Bereite zuerst das Gericht »Katerlieschen« vor und bringe es zum Kochen. Erst dann fange mit den Klößen an. Gieße in den großen Topf 4 l Wasser, setze ihn auf eine große Flamme und bringe ihn zum Kochen. Inzwischen gieße in die Schüssel etwas weniger als $^1/_2$ l Wasser, rühre nach und nach mit der Gabel das Kloßmehl hinein, schlage das Ei darüber und vermische den Teig gründlich. Lasse ihn 10 Minuten stehen. In dieser Zeit schneide die Semmel in Scheiben, dann in Streifen und Würfel. Zerlasse in der Pfanne die Butter, gib die Semmelwürfel hinein und röste sie, bis sie ringsum goldbraun sind. Öfters mit der Gabel umwenden.

Nun forme aus der Kloßmasse 8 Klöße, drücke in jeden Kloß einige geröstete Semmelwürfel. (Feuchte zwischendurch die Hände mit kaltem Wasser an, damit der Teig nicht kleben bleibt.) Wenn das Wasser im großen Topf kocht, gib mit dem Sieblöffel die Klöße hinein, stelle die Flamme klein und lasse die Klöße 20 Minuten ziehen; d.h., das Wasser soll so heiß sein, daß es gerade nicht mehr kocht. Nach dieser Zeit nimm die Klöße mit dem Sieblöffel heraus, gib sie in die Schüssel und serviere sie sofort mit dem »Katerlieschen«. Als Nachtisch könntest du eine leckere Quarkspeise oder frisches Obst reichen.

Der süße Brei

Als das Mädchen und seine Mutter wieder einmal nichts zu essen hatten, begegnete das Mädchen einer alten Frau, die schenkte ihm ein Töpfchen, zu dem sollte es sagen: »Töpfchen koche«, so kochte es guten süßen Hirsebrei, und wenn es sagte: »Töpfchen steh«, so hörte es auf zu kochen. Das Mädchen brachte den Topf seiner Mutter heim, und nun waren sie ihrer Armut und ihres Hungers ledig und aßen süßen Brei, so oft sie wollten.

Auf eine Zeit war das Mädchen ausgegangen, da sprach die Mutter: »Töpfchen koche«, da kocht es, und sie ißt sich satt; nun will sie, daß das Töpfchen wieder aufhören soll, aber sie weiß das Wort nicht. Also kocht es fort, und der Brei steigt über den Rand hinaus und kocht immerzu, die Küche und das ganze Haus voll, und das zweite Haus und dann die Straße, als wollt's die ganze Welt sattmachen … Und wer wieder in die Stadt wollte, der mußte sich durchessen.

Ob das Töpfchen auch Grieß- oder Reisbrei kochen konnte? Du wirst Hirsebrei sicherlich ebensowenig kennen wie unsere drei »Kochlotsen«. Susanne und Christian essen für ihr Leben gern Apfelreis, den sie »Weiße Wolke« nennen, Mathias bevorzugt Grießbrei, der bei ihm »Quill aus dem Topf« heißt. Du erfindest für diese und die übrigen Rezepte vielleicht andere Namen, wenn dir das Kochen erst richtig Spaß macht.

Quill aus dem Topf

Grießbrei

Du brauchst für 3 Portionen

Geräte:
1 größerer Topf – 1 Holzlöffel – 1 kleiner Topf – 1 Schüssel – 1 Tasse – 1 Schneebesen – 1 Schälchen

Zutaten:
1 l Milch
125 g Grieß
1 Prise Salz
1 Ei
20 g Butter
5 Eßl. Zucker, 1 Teel. Zimt

Gieße etwas Wasser in den größeren Topf, setze ihn auf eine große Flamme.

Wenn das Wasser Blasen schlägt, gibst du die Milch hinein und läßt sie aufkochen. Inzwischen verrührst du den Grieß mit 1 Prise Salz und ½ Tasse Wasser in dem kleinen Topf. Wenn die Milch aufkocht, gießt du sofort den angerührten Grieß hinein, stellst die Flamme klein und rührst mit dem Holzlöffel um, bis der Brei aufkocht. Dann machst du die Flamme aus und läßt den Brei zugedeckt 10 Minuten stehen. Während dieser Zeit schlägst du das Ei auf. Gib das Eigelb in die Tasse, das Eiweiß in die Schüssel. Schlage das Eiweiß steif (siehe Kochlexikon). Wenn der Brei nach 10 Minuten ausgequollen ist, rührst du mit dem Schneebesen das Eigelb und die Butter darunter und vermischst ihn anschließend mit dem steifen Eischnee. Nun brauchst du nur noch den Zucker mit dem Zimt im Schälchen zu vermischen, ehe du »Quill aus dem Topf« servierst.

Reismauer

Milchreis

Du brauchst für 4 Portionen

Geräte:
1 großer Topf – 1 Sieb – 1 Holzlöffel – 1 Pfanne

Zutaten:
1½ l Milch
¼ Teel. Salz
1 Päckchen Vanillinzucker
250 g Reis
50 g Zucker
40 g Butter
Kompott

Setze den Topf mit 3 Eßlöffel Wasser auf eine große Flamme. Wenn das Wasser Blasen schlägt, gieße die Milch hinein, gib das Salz und den Vanillinzucker dazu und lasse die Milch aufkochen. Inzwischen schütte den Reis in das Sieb und spüle ihn mit kaltem Wasser gründlich durch. Wenn die Milch aufkocht, schüttest du sofort den Reis hinein, rührst alles um und stellst die Flamme klein. Nun läßt du den Reis ausquellen, bis alle Flüssigkeit aufgesogen ist. (Nicht mehr umrühren!) Wenn keine Flüssigkeit mehr vorhanden ist, nimmst du den Topf vom Feuer, mischst den Zucker unter den Reis, deckst den Topf mit dem Deckel zu und stellst ihn warm. (Du kannst den Topf in Zeitungspapier einschlagen und ins Bett stellen.) Nach 40 bis 50 Minuten ist die »Reismauer« fertig. In der Zwischenzeit decke den Tisch, bereite das Kompott vor und zerlasse die Butter für die »Reismauer« in der Pfanne. Anstelle von Kompott kannst du auch Zukker mit Zimt dazu servieren.

Weiße Wolke

Reis-Apfel-Brei

Du brauchst für 4 Portionen

Geräte:
1 Reibeisen – 1 spitzes Messer –
1 größerer flacher Topf mit Deckel –
1 Sieb – 1 kleinerer Topf –
1 Holzlöffel – 1 Pfanne – 1 Schälchen

Zutaten:
½ Teel. abgeriebene Zitronenschale
500 g Äpfel
1 l Milch, 1 Prise Salz
200 g Reis
3 bis 4 Eßl. Zucker
40 g Butter

Wasche zuerst die Zitrone heiß ab und bürste sie gründlich, reibe dann etwas von der Schale ab. (Die Zitrone selbst wird für andere Zwecke verwendet.) Schäle die Äpfel, halbiere sie, schneide das Kerngehäuse aus und die Apfelhälften in Scheiben.

Gieße in den Topf 4 Eßlöffel Wasser und setze ihn auf eine große Flamme.

Wenn das Wasser am Boden Blasen wirft, gieße die Milch hinein, gib das Salz und den ½ Teelöffel abgeriebene Zitronenschale dazu und lasse sie aufkochen. (Wenn du das Wasser im Topf zum Kochen bringst, ehe du die Milch hineingießt, brennt diese nicht so leicht an!) Inzwischen schütte den Reis in das Sieb und spüle ihn mit kaltem Wasser durch. Heize die Backröhre an, stelle sie aber nur auf kleine Hitze! Wenn die Milch aufkocht, schüttest du sofort den gewaschenen Reis hinein, rührst um, nimmst den Topf vom Feuer, deckst ihn mit dem Deckel zu und stellst ihn in die vorgeheizte Backröhre. Lasse ihn 45 Minuten darin. Inzwischen dünstest du die Apfelscheiben. Dazu gibst du in den kleineren Topf 4 Eßlöffel Wasser, die Apfelscheiben und den Zucker. Setze den Topf auf eine mittelgroße Flamme. Wenn alles aufkocht, stelle die Flamme klein und lasse die Apfelscheiben noch 4 Minuten dünsten. Dabei öfters umrühren, damit sie nicht anbrennen.

Wenn der Reis 45 Minuten in der Backröhre war und alle Flüssigkeit verschwunden ist, nimmst du ihn heraus und mischst die gedünsteten Äpfel darunter. Gib dann die Butter in die Pfanne, lasse sie auf großer Flamme etwas bräunen. Nun kannst du die »Weiße Wolke« servieren. Stelle das Schüsselchen mit der braunen Butter extra dazu und auch die Zuckerdose. Dann kann sich jeder selbst nachsüßen.

Steh-Töpfchen

Müsli

Du brauchst für 1 Portion

Geräte:

1 kleine Schüssel – 1 Tasse – 1 Eßlöffel – 1 Teelöffel – 1 Zitronenpresse – 1 Reibe

Zutaten:

25 g Haferflocken
1 Eßl. Sultaninen
1 Teel. Zitronensaft
1 mittelgroßer Apfel (100 g)
3 Eßl. Zucker
2 Eßl. Kaffeesahne

Gib die Haferflocken in das Schüsselchen, vermenge sie mit 3 Eßlöffel Wasser und lasse sie wenigstens 4 Stunden stehen. Wasche die Sultaninen mit warmem Wasser, weiche sie mit 3 Eßlöffel Wasser, 1 Teelöffel Zucker, 1 Teelöffel Zitronensaft ein und lasse sie auch so lange stehen. Wenn du die Speise zum Frühstück essen willst, so mache das alles am

Abend vorher. Kurz vor dem Essen wäschst du den Apfel, reibst ihn mit der Schale und gibst den Apfelbrei zu den Haferflocken, ebenfalls die Sultaninen. Streue den restlichen Zucker darüber und vermenge alles mit der Kaffeesahne.
Du kannst das »Steh-Töpfchen« auch mit anderem Obst machen, zum Beispiel mit Erd- oder Johannisbeeren. Dann läßt du den Zitronensaft und die Sultaninen weg und nimmst etwas mehr Zucker. Das Beerenobst mußt du vorher waschen, einzuckern und auch stehen lassen, ehe du es mit den Haferflocken und der Kaffeesahne vermischst.

Dreiäuglein

Apfelbrei

Du brauchst für 4 Portionen

Geräte:
2 Schüsseln – 1 Schneebesen – 1 spitzes Messer – 1 Raspeleisen – 1 Holzlöffel

Zutaten:
1 Tasse saure Sahne, 2 Eßl. Honig
1 Prise Pfeffer, 1 Messerspitze Salz
4 große Äpfel

Gieße die saure Sahne in eine Schüssel, gib den Honig, die Prise Pfeffer und das Salz dazu. Schlage alles kräftig mit dem Schneebesen, bis sich der Honig aufgelöst hat und die saure Sahne schön cremig ist. Dann schäle die Äpfel dünn ab, raspele sie in die andere Schüssel. Vermische die Raspeln gleich anschließend sehr gründlich mit der Honigsahne.
Susanne setzt diesen leckeren Brei ihrer Familie öfters mal zum Abendbrot vor. Dazu gibt es Vollkornbrot mit Butter. Du kannst »Dreiäuglein« aber auch als schmackhaften Nachtisch zum Mittagessen servieren.

Bärenfang

Honigbrei mit Obst

Du brauchst für 2 Portionen

Geräte:
2 Suppenteller – 1 Topf – 1 Eßlöffel – 1 spitzes Messer – 1 Holzbrett

Zutaten:
8 Eßl. Schnellflocken (Mekorna)
$^{1}/_{2}$ l Milch
2 Eßl. Honig
1 Apfelsine
1 Banane oder anderes Obst

Bereite zuerst das Obst vor: Schäle die Apfelsine, teile sie in Spalten, schäle die

Banane und schneide sie in 1 cm dicke Scheiben. Wenn du Birnen oder Äpfel nimmst, schälst du sie auch, schneidest sie in Viertel, entfernst das Kerngehäuse und teilst die Obstviertel in dünne Scheibchen. Verwendest du Beerenobst, so wäschst du es ab, streust Zucker darüber und läßt es 30 Minuten stehen.
Gib dann auf jeden Teller 4 Eßlöffel Mekorna. Gieße die Milch in den Topf und lasse sie auf großer Flamme aufkochen. Rühre dabei ab und zu um. Sobald sie Blasen wirft, nimmst du den Topf vom Feuer, läßt ihn 5 Minuten stehen und rührst den Honig hinein, bis er sich auflöst. (Vergiß nicht, die Topflappen griffbereit zu haben!) Gieße dann die Honigmilch je zur Hälfte über die Mekorna, rühre um, so daß auf jedem Teller ein dicklicher Brei entsteht. Garniere die Portionen mit dem vorbereiteten Obst und bringe sie sofort zu Tisch.

Hummelparadies

Erdbeerspeise

Du brauchst für 2 bis 3 Portionen

Geräte:
1 große Tasse – 1 flacher Teller –
1 Gabel – 1 Schüssel – 1 Schneebesen –
Gläser oder Schalen

Zutaten:
2 Tassen sehr reife Erdbeeren
2 Tassen Puderzucker, 2 Eiweiß

Zerdrücke die gewaschenen Erdbeeren mit der Gabel auf dem Teller und vermische sie mit dem Puderzucker recht gründlich. Trenne dann die Eier (siehe Kochlexikon) und lasse das Eiweiß in die Schüssel fließen. (Das Eigelb wird für dieses Rezept nicht gebraucht, stelle es kalt und verwende es später, aber noch am gleichen Tag. Du kannst es zum Beispiel in eine Suppe rühren oder für Kartoffelpuffer verwenden.)
Schlage das Eiweiß mit dem Schneebesen zu einem festen Schnee, füge die mit Puderzucker vermischten, zerdrückten

Erdbeeren hinzu und schlage alles mit dem Schneebesen so lange weiter, bis eine ziemlich dicke Creme entsteht. Fülle diese in die Gläser und stelle sie für 30 Minuten in den Kühlschrank. Dann servierst du das »Hummelparadies« als Beikost zu Kartoffelpuffern oder zu einem anderen Essen.

Zitterle

Rote Grütze

Du brauchst für 4 Portionen

Geräte:
1 Topf – 1 kleines Töpfchen – 1 Löffel – 1 Holzlöffel – 1 Sieb – 1 größere Schüssel – 1 großer Kuchenteller

Zutaten:
½ l Johannisbeer- oder Kirschsaft
50 g Zucker
50 g Stärkemehl
10 süße Mandeln
1 kleines Glas eingekochte Birnen

Gieße von dem Saft ½ Tasse in den kleinen Topf und rühre das Stärkemehl hinein. Den restlichen Saft gieße in den großen Topf, schütte den Zucker hinein und rühre ihn um. Wenn der Saft sehr sauer ist, gib ein bißchen mehr Zucker dazu und schmecke ab. Bringe dann den Saft auf großer Flamme zum Kochen, rühre dabei ständig mit dem Holzlöffel um. Sobald die Flüssigkeit aufkocht, gieße schnell das angerührte Stärkemehl hinein, lasse alles nochmal aufkochen, rühre um und nimm den Topf sofort vom Feuer. Spüle die Schüssel mit kaltem Wasser aus (nicht austrocknen!), schütte das »Zitterle« hinein und stelle es kalt. Inzwischen schäle die Mandeln (siehe Kochlexikon) und lasse die Birnen im Sieb abtropfen. Den Birnensaft kannst du als Getränk verwenden. Wenn das »Zitterle« kalt und fest ist, deckst du den Kuchenteller darüber, drehst alles um, so daß der rote Pudding unbeschädigt auf dem Teller liegt. Garniere ihn recht schön mit den Mandeln und den Birnen, die du in Streifen oder Scheiben schneiden kannst.

Hans im Glück

Nußspeise

Du brauchst für 4 Portionen

Geräte:

1 Topf – 1 Eßlöffel – 1 Tasse –
1 Holzlöffel – 1 Schüssel –
1 Schneebesen – 4 Schälchen

Zutaten:

3/4 l Milch
2 Eßl. Zucker
1 Päckchen Vanillinzucker
40 g Stärkemehl
2 Eier
100 g Nußmus
4 Stückchen Konfekt
6 Eßl. eingekochte Kirschen oder frische Erdbeeren

Gieße die Milch in den Topf, gib Zucker und Vanillinzucker hinein. Verrühre das Stärkemehl mit 4 Eßlöffel Wasser in der Tasse. Bringe die Milch auf großer Flamme zum Kochen, rühre dabei öfters mit dem Holzlöffel um. Wenn die Milch aufkocht, gieße sofort das angerührte Stärkemehl dazu, rühre ständig um und nimm den Topf gleich vom Feuer, wenn alles wieder aufgekocht hat. Trenne nun die Eier (siehe Kochlexikon), lasse das Eiweiß in die Schüssel fließen und gib das Eigelb in die Tasse. Schlage das Eiweiß mit dem Schneebesen steif und vermische es danach mit der noch heißen Milchmasse. Lasse diese abkühlen und schlage erst dann die Eigelb und das Nußmus kräftig mit dem Schneebesen darunter. Nun füllst du die Speise in die Schälchen und stellst sie 60 Minuten in den Kühlschrank. Ehe du »Hans im Glück« servierst, garnierst du die Schälchen mit Kirschen oder Erdbeeren und legst in die Mitte ein Stückchen Konfekt.

Rapunzel

…Der Mann stieg also über die Mauer in den Garten der Zauberin, stach eine Handvoll Rapunzel und brachte sie seiner Frau. Sie machte sich sogleich Salat daraus und aß sie voller Begierde auf. Sie hatten ihr so gut geschmeckt, daß sie andern Tags noch dreimal soviel Lust darauf bekam. Sollte sie Ruhe haben, so mußte der Mann noch einmal in den Garten steigen. Er machte sich also in der Abenddämmerung wieder hinab, als er aber die Mauer herabgeklettert war, erschrak er gewaltig, denn er sah die Zauberin vor sich stehen. »Wie kannst du es wagen, mir meine Rapunzeln zu stehlen? Das soll dir schlecht bekommen«, sprach die Zauberin mit zornigem Blick.

»Ach«, antwortete er, »laßt Gnade für Recht ergehen, meine Frau hat Eure Rapunzeln erblickt und empfindet ein so großes Gelüsten, daß sie sterben würde, wenn sie nicht davon zu essen bekäme.« Da ließ die Zauberin in ihrem Zorne nach und sprach: »So will ich dir gestatten, Rapunzeln mitzunehmen so viel du willst, allein, du mußt mir das Kind geben, das deine Frau zur Welt bringen wird.«

…Als die Frau in die Wochen kam, so erschien die Zauberin, gab dem Kind den Namen Rapunzel und nahm es mit sich fort…

So gerne Susanne, Christian und Mathias frische Salate essen – auf die Idee, ihn aus fremden Gärten zu holen, wären sie nie gekommen. Sie kaufen die Zutaten in der Kaufhalle oder im Gemüsegeschäft. Was aber die Zubereitung anbelangt, so können sie es mit jeder Zauberin aufnehmen. Ihre Salate schmecken wirklich zauberhaft. Überzeuge dich selbst davon, wenn du die folgenden Rezepte nachmachst!

Liebmädchen-Freude

Chicoréesalat

Du brauchst für 4 Portionen

Geräte:

1 Sieb – 1 spitzes Messer –
1 Zitronenpresse – 1 Schüssel –
1 Holzbrett – 1 Wiegemesser

Zutaten:

6 Chicoréestauden
1 Zitrone
1 Eßl. Zucker
¼ Teel. Salz
2 Sträußchen Dill oder
je 2 Prisen Zitronenmelisse, Bohnenkraut und Dill (Diätgewürze)
1 Eßl. Öl

Spüle die Chicoréestauden unter fließendem Wasser ab, schneide braune und welke Blätter ab, blättere die Stauden ein bißchen auf und spüle sie auch innen gut ab, damit kein Sand mehr daran klebt. Vom unteren Strunk schneidest du ein kleines Stück ab. Lege den geputzten und gewaschenen Chicorée in das Sieb zum Abtropfen.

Nun bereitest du die Salatsoße vor. Presse die Zitrone aus und gieße den Saft in die Schüssel, verrühre ihn mit dem Zucker und Salz sowie einer halben Tasse kaltem Wasser. Schmecke ab und gib noch etwas Zucker dazu, wenn die Soße noch zu sauer sein sollte. Wasche dann den Dill, wiege ihn auf dem Holzbrett und mische ihn unter die Soße. (Wenn du keinen frischen Dill hast, so nimm statt dessen Diätgewürze wie angegeben.) Schneide die Chicoréestauden auf dem Holzbrett in Stücke, gib sie in die Soße, gieße das Öl darüber und vermische alles gründlich. Lasse den Salat noch ¼ Stunde kühl stehen, ehe du ihn servierst.

Du kannst »Liebmädchen«-Salat auch mit Apfelsinen und saurer Sahne herstellen. Dann verrührst du in der Salatschüssel ¼ l saure Sahne mit 1 Eßlöffel Zucker und ½ Teelöffel Salz, schälst 2 Apfelsinen, schneidest sie in ungefähr 2 cm große Würfel und gibst sie zu der Sahne.

Dann schneidest du die Chicoréestauden hinein, vermischst alles gründlich und stellst den Salat ½ Stunde kalt. Wenn du den Salat auf diese Weise zubereitest, läßt du die anderen Zutaten weg.

Hexenschüssel

Kopfsalat mit Radieschen

Du brauchst für 4 Portionen

Geräte:
1 Sieb – 1 spitzes Messer – 1 Holzbrett – 1 Zitronenpresse – 1 große Schüssel – 1 Teelöffel – 1 Wiegemesser – 2 Eßlöffel

Zutaten:
2 Salatköpfe (grüner Salat)
2 Bund Radieschen
1 Zitrone
2 Teel. Zucker
¼ Teel. Salz
1 Sträußchen Dill
1 Sträußchen Petersilie
2 Eßl. Öl

Wasche zuerst die Salatköpfe unter fließendem Wasser ab. Zerpflücke die Blätter (achte darauf, daß keine schwärzlichen oder braunen Ränder mehr daran sind) und spüle jedes Blatt nochmals ab, ehe du es in das Sieb zum Abtropfen gibst. Wasche dann die Radieschen einzeln ab und schneide sie in Scheiben. Presse die Zitrone aus, gib den Saft in die Schüssel, vermische ihn mit dem Zukker und Salz sowie 6 Eßlöffel Wasser. Wasche den Dill und die Petersilie, zerkleinere die Kräuter auf dem Holzbrett mit dem Wiegemesser und rühre sie unter den Zitronensaft in der Schüssel. Gib die Radieschenscheiben und die Salatblätter dazu, gieße das Öl darüber und vermische den Salat mit den Löffeln. Die

»Hexenschüssel« kannst du zu jedem Essen servieren. Du könntest aber auch Weißbrotscheiben rösten, diese auf Teller legen und den Salat darüber verteilen.

Für geröstetes Weißbrot brauchst du 30 g Butter oder Margarine, die du in einer großen Pfanne zerläßt, und 4 Weißbrotscheiben, die du darin von jeder Seite 1 Minute brätst.

Ritsch-Ratsch

Möhrensalat

Du brauchst für 2 Portionen

Geräte:

1 Tasse – 1 Schüssel – 1 Reibeisen –
1 spitzes Messer – 1 Löffel

Zutaten:

2 Eßl. Rosinen
2 große Mohrrüben
2 mittelgroße Äpfel, 1 bis 2 Teel. Zucker

Wasche zuerst die Rosinen in warmem Wasser ab, weiche sie in der Tasse mit 3 Eßlöffel Wasser ein. Das machst du am besten schon morgens, wenn du den Salat zum Mittagessen haben willst. Kurz vor dem Essen schabst du die Mohrrüben ab, wäschst sie und reibst sie in die Schüssel. Die Äpfel wäschst du ebenfalls und reibst sie mit der Schale in die Schüssel. Gib dann die aufgequollenen Rosinen und den Zucker dazu, rühre alles um, und der Salat ist ritsch-ratsch fertig. Paß beim Reiben auf, daß du dich nicht verletzt. Die letzten Stückchen Mohrrüben reibe lieber nicht, sondern schnurpse sie ungerieben. Sollten die Äpfel sehr sauer sein, so nimm etwas mehr Zucker.

Wenn du dazu eine Tütensuppe (siehe Kapitel »König Drosselbart«) servierst, hast du für dich und deine Schwester oder deinen Bruder ohne Mühe ein richtig gutes Mittagessen.

Rosenbusch

Blumenkohlsalat

Du brauchst für 4 Portionen

Geräte:

1 spitzes Messer – 1 Holzbrett –
1 großer Topf – 1 Zitronenpresse –
1 kleines Töpfchen – 1 Eßlöffel –
1 große Schüssel – 1 kleine Schüssel –
1 Sieb – 1 Sieblöffel – 1 Wiegemesser

Zutaten:

1 großer Blumenkohl, Salz
1 Zitrone
2 Eier
½ Teel. Zucker
1 kleine Gewürzgurke, 1 Tomate
2 Sträußchen Petersilie
125 g energiereduzierte Mayonnaise

Putze den Blumenkohl, wasche ihn ab und lege ihn 5 Minuten in kaltes Salzwasser. (Sollte eine Raupe darin sein, so kommt sie durch das Salzwasser heraus!) Gieße 1 l Wasser in den Topf, füge 1 Eßlöffel Salz und 3 Zitronenscheiben dazu und lasse alles auf großer Flamme aufkochen. Inzwischen presse die andere Zitronenhälfte aus und koche die Eier. (Im kleinen Töpfchen Salzwasser zum Kochen bringen, die Eier vorsichtig hineingeben und nach dem Aufkochen noch 6 Minuten kochen lassen. Dann vom Feuer nehmen und mit kaltem Wasser abschrecken!) Wenn das Wasser im großen Topf kocht, gibst du den Blumenkohl hinein, läßt das Wasser wieder aufkochen, stellst die Flamme klein und läßt den Blumenkohl 6 Minuten leicht kochen. Nimm den Topf vom Feuer und lasse ihn abkühlen. Gieße von dem Blumenkohlwasser 1 Tasse in die große Schüssel, gib den Zitronensaft und den Zucker hinein, rühre um und lasse die Soße kalt werden. Inzwischen schneide die Gewürzgurke in kleine Würfel, wasche die Tomate, schneide sie in dünne Scheiben und gib beides in die Salatsoße. Zerteile nun den abgekühlten Blumenkohl in Röschen, gib diese auch in die große Schüssel, vermische alles vorsichtig und stelle die Schüssel ½ Stunde in den Kühlschrank. In der Zwischenzeit wäschst und wiegst du die Petersilie und vermischst sie mit der Mayonnaise in der kleinen Schüssel. Schäle die Eier und schneide sie in Viertel.

Wenn die halbe Stunde herum ist, nimmst du den Salat aus dem Kühlschrank, rührst nochmal vorsichtig um und verteilst die Kräutermayonnaise darüber. Garniere mit den Eivierteln und bringe den Salat mit getoastetem Weißbrot auf den Tisch.

Allerlei

Mischsalat

Du brauchst für 4 Portionen

Geräte:

1 Holzbrett – 1 spitzes Messer – 1 Schüssel – 1 Reibe – 1 kleinere Schüssel

Zutaten:

4 Tomaten
1 kleine grüne Gurke
1 Bund Radieschen
2 Paprikafrüchte, 1 Zwiebel
¼ l Joghurt
1 Teel. Zucker, ½ Teel. Salz
1 Bund Schnittlauch

Wasche die Tomaten ab, entferne den Stielansatz, schneide sie in Scheiben und gib sie in die Schüssel. Wasche die Gurke ab, schneide sie in dünne Scheiben und gib sie zu den Tomaten. (Wenn die Gurke nicht mehr jung und zart ist, mußt du sie vorher schälen.) Wasche die Radieschen, schneide sie in Scheiben. Halbiere die Paprikafrüchte, entkerne sie und spüle sie gut ab. Schneide sie in dünne Streifen und gib sie mit den Radieschen auch in die Schüssel. Schäle die Zwiebel und schneide sie in dünne Scheiben oder kleine Würfel, sie kommen ebenfalls in die Schüssel. Nun vermischst du in der kleineren Schüssel den Joghurt mit Zucker und Salz sehr gründlich, verteilst ihn über das Salatgemüse und rührst vorsichtig um. Stelle den Salat für 30 Minuten in den Kühlschrank. In der Zwischenzeit wäschst du den Schnittlauch, schneidest ihn und streust ihn vor dem Servieren über den Salat.

Vogelsang

Kopfsalat mit Apfelsinen

Du brauchst für 4 Portionen

Geräte:

1 Sieb – 1 Holzbrett – 1 spitzes Messer – 1 Schüssel – 1 Wiegemesser – 1 Löffel

Zutaten:

2 Köpfe grüner Salat
2 Apfelsinen
1 Eßl. geriebene süße Mandeln
1 Eßl. Essig
1 Tasse Wasser
¼ Teel. Salz
1 gestrichener Eßl. Zucker
3 Eßl. Öl
1 Sträußchen Petersilie

Wasche den Kopfsalat (wie bei Hexensalat), gib ihn in das Sieb. Schäle die Apfelsinen, schneide sie in 1 cm große Stücke. Vermische in der Schüssel den Essig mit dem Wasser, Salz, Zucker und Öl. Wasche die Petersilie, wiege sie klein und rühre sie unter die Salatsoße. Mische die Apfelsinenstückchen und die

zerpflückten Salatblätter darunter, streue die geriebenen Mandeln darüber und trage den Salat sofort auf. Wenn ihr keine Mandelmühle habt, durch die du die abgezogenen Mandeln (siehe im Kochlexikon) drehen kannst, so verwende lieber Walnüsse, die brauchst du nur in kleine Stücke zu zerschneiden.
»Vogelsang«-Salat ist als Beikost zum Mittagessen gut, aber du kannst ihn auch abends zu Butterbroten servieren.

Turmsalat

Bohnensalat

Du brauchst für 4 Portionen

Geräte:
1 spitzes Messer – 1 große Schüssel –
1 großes Sieb – 1 großer Topf –
1 Gabel – 1 Holzbrett –
1 Wiegemesser – 1 Holzlöffel

Zutaten:
500 g grüne Bohnen, 1 Eßl. Salz
1 Päckchen frisches Bohnenkraut oder
1 Teel. getrocknetes Bohnenkraut
3 mittelgroße Zwiebeln
2 Eßl. Essig
1 Teel. Zucker
3 Eßl. Öl
1 Sträußchen Petersilie

Putze zuerst die Bohnen, d.h. beschneide die Spitzen und ziehe die Fäden ab. Wasche sie dann 2- bis 3mal in der großen Schüssel gründlich ab und gib sie in das Sieb, damit sie abtropfen. Gieße in den Topf 1 l Wasser, füge Salz zu, setze den Topf zugedeckt auf eine große Flamme. Sobald das Wasser kocht, lege die Bohnen hinein und darüber das gewaschene frische Bohnenkraut (oder das getrocknete).
Wenn alles aufkocht, stelle die Flamme klein und lasse die Bohnen 8 bis 12 Minuten kochen. (Die Kochzeit hängt davon ab, ob die Bohnen jung und zart oder schon älter sind! Prüfe nach 8 Minuten, ob sie schon gar sind. Die Bohnen sollen nicht zu weich sein.) In der Zwischenzeit schälst du die Zwiebeln und schneidest sie in kleine Würfel.
Wenn die Bohnen gar sind, nimmst du sie vom Feuer und gießt sie in das Sieb, das du über die große Schüssel hängst. In das Kochwasser, das nun in der Schüssel ist, gib die kleinen Zwiebelwürfel, den Essig, Zucker und das Öl. Verrühre alles und mische die noch warmen Bohnen darunter. Stelle den Salat 1 bis 2 Stunden kalt, damit er schön durchzieht. Kurz vor dem Auftragen wäschst und wiegst du die Petersilie und streust

sie über den Salat. Wenn du Turmsalat zu »Hoppel-Poppel« (siehe Kapitel »Bremer Stadtmusikanten«) auf den Tisch bringst, hast du deiner Familie ein sehr gutes Essen vorgesetzt.

Prinzengabe

Sellerie-Apfel-Salat

Du brauchst für 4 Portionen

Geräte:
1 Nußknacker — 1 Holzbrett — 1 spitzes Messer — 1 Raspeleisen — 1 Schüssel — 1 Löffel

Zutaten:
10 Walnüsse
1 mittelgroße Sellerieknolle
4 große Äpfel
1 Glas energiereduzierte Mayonnaise

Knacke zuerst die Walnüsse, schneide die Nußkerne in kleine Stücke und gib sie in die Schüssel. Schäle die Sellerieknolle, wasche sie ab und rasple sie in die Schüssel. Schäle dann die Äpfel und raspele sie dazu. Mische die Mayonnaise darunter und stelle den Salat wenigstens 1 Stunde in den Kühlschrank, ehe du ihn servierst.
Zur Prinzengabe könntest du deiner Familie oder deinen Freunden Bratkartoffeln vorsetzen.
Für diese brauchst du 400 g gekochte, geschälte Pellkartoffeln, die du in Würfel schneidest. In eine große Pfanne gibst du 30 g Margarine, läßt sie auf großer Flamme bräunlich werden und schüttest die Kartoffelstückchen hinein. Streue etwas Salz darüber und brate die Kartoffeln ungefähr 6 Minuten, bis sie schön knusprig sind. Wende sie dabei ständig mit einer Gabel um!

Hasenteller

Salatplatte

Du brauchst für 4 Portionen

Geräte:
1 Topf — 1 Sieblöffel — 1 Teller — 1 Eßlöffel — 1 Holzbrett — 1 spitzes Messer — 1 große Platte

Zutaten:
1 kleiner Blumenkohl
Salz, 4 Eier
6 Tomaten
1 grüne Gurke
4 Paprikafrüchte
1 Zitrone
2 Eßl. Mayonnaise
1 Sträußchen Petersilie

Gieße in den Topf ½ l Wasser, schütte 1 Teelöffel Salz hinein und bringe es auf großer Flamme zum Kochen. Inzwischen putze und wasche den Blumenkohl. Wenn das Wasser kocht, hebe mit dem Sieblöffel den Blumenkohl hinein, mit dem Strunk nach unten, stelle die Flamme klein und decke den Topf mit dem Deckel zu. Lasse den Blumenkohl 4 Minuten kochen. Nimm den Topf vom Feuer, hebe vorsichtig mit dem Sieblöffel den Blumenkohl heraus und setze ihn auf den Teller. Gieße noch ½ l Wasser in den Topf, bringe es wieder zum Kochen und gib einzeln auf dem Eßlöffel die Eier hinein. Wenn das Wasser wieder aufkocht, stelle die Flamme klein und lasse die Eier 6 Minuten kochen. Drehe die Flamme aus, gieße das Kochwasser ab und lasse kaltes Wasser in den Topf

über die Eier laufen, damit sie abgeschreckt werden. Nimm die Eier dann heraus und lege sie erst mal beiseite.

Nun bereite das Salatgemüse vor. Wasche die Tomaten, schneide sie in dicke Scheiben. Die Gurke mußt du schälen, wenn sie nicht mehr jung und zart ist, andernfalls wäschst du sie ab und schneidest sie in nicht zu dicke Scheiben. Von den Paprikafrüchten schneide die Stielansätze heraus, entferne vorsichtig das Kerngehäuse und spüle die Früchte innen und außen unter fließendem kalten Wasser ab. Schneide die Paprikafrüchte in Ringe. Wasche die Zitrone heiß ab und schneide sie in dünne Scheiben. Die Petersilie wasche ab und lasse sie abtropfen. Wenn du das alles so vorbereitet hast, beginnst du deinen »Hasenteller« zu belegen. Zuerst legst du die Tomaten- und Gurkenscheiben abwechselnd auf die Platte. Wenn sie aufgebraucht sind, verteilst du die Paprikaringe dazwischen und bestreust alles mit sehr wenig Salz. Dann zerteile den Blumenkohl in Röschen und lege diese zwischen das Salatgemüse. Schäle die Eier, halbiere sie und verteile die Eihälften auf der Salatplatte. Die Zitronenscheiben stecke hochkant zwischen die anderen Zutaten. Nun brauchst du nur noch die Mayonnaise über die Eier und Blumenkohlröschen zu verteilen und alles mit Petersilie zu garnieren. So ein »Hasenteller« ergibt ein wunderbares Abendessen für dich und deine Familie, wenn du dazu noch Butterbrote servierst und vielleicht auch ein Milchmixgetränk (siehe Kapitel »Rotkäppchen«).

Allerleirauh

…Als sie nun in die Küche kam und an ihre Arbeit gehen und die Asche zusammenkehren wollte, sprach der Koch: »Laß es gut sein bis morgen und koche mir da eine Suppe für den König, ich will auch einmal ein bißchen oben zugucken; aber laß mir kein Haar hineinfallen, sonst kriegst du in Zukunft nichts mehr zu essen.« Da ging der Koch fort, und Allerleirauh kochte die Suppe für den König und kochte eine Brotsuppe, so gut es konnte, und wie sie fertig war, holte es in dem Ställchen seinen goldenen Ring und legte ihn in die Schüssel, in welcher die Suppe angerichtet ward. Als der Tanz zu Ende war, ließ sich der König die Suppe bringen und aß sie, und sie schmeckte ihm so gut, daß er meinte, niemals eine bessere Suppe gegessen zu haben…

Du kannst dir bestimmt Suppen vorstellen, die du lieber magst als eine Brotsuppe – selbst wenn sie für den König bestimmt war!
Susanne kannte aber ein Brotsuppenrezept von ihrer Großmutter, welches so gut war, daß sie des Königs Geschmack verstehen konnte. Christian und Mathias ließen sich trotzdem nicht gleich überzeugen. Sie kochten erst mal Suppen, die ihnen bekannt waren und von denen sie wußten, wie gut sie schmecken. Vielleicht teilst du den Geschmack von Christian und Mathias. Probiere aber auch mal Susannes Brotsuppe – sie ist nämlich sehr lecker!

Königssuppe

Brotsuppe

Du brauchst für 2 bis 3 Portionen

Geräte:
1 Holzbrett – 1 spitzes Messer –
1 mittelgroßer Topf – 1 Holzlöffel –
1 Sieb – 1 Schüssel – 1 Schöpfkelle

Zutaten:
100 g altbackenes Brot
200 g Äpfel
$^{3}/_{4}$ l Wasser
50 g Zucker
1 Prise Salz
20 g Butter
1 Tasse eingekochte süße Kirschen

Zerschneide das Brot in größere Würfel, die Äpfel in Viertel, entferne das Kerngehäuse und die Blüte. Gib Brot- und Apfelstücke in den Topf, gieße das Wasser darüber, mische den Zucker und das Salz darunter und setze den Topf auf eine große Flamme. Wenn alles kocht, stelle die Flamme klein und lasse die Suppe 10 Minuten kochen. Rühre öfters mit dem Holzlöffel um. Hänge dann das Sieb über die Schüssel und gieße mit dem Schöpflöffel nach und nach die Suppe durch. Nimm den Holzlöffel und drücke auch das Brot und die Äpfel durch das Sieb. Zuletzt rührst du die Butter und die Kirschen unter die Suppe und trägst sie sofort auf. Mit dem Durchdrücken mußt du dich beeilen, damit die Suppe nicht kalt wird.

Braunäugelchen

Nudelsuppe mit Hackfleisch

Du brauchst für 4 Portionen

Geräte:
2 größere Töpfe – 1 Schüssel –
1 Holzlöffel – 1 großes Sieb –
1 Wiegemesser – 1 Holzbrett

Zutaten:
1 Tüte Spirelli-Nudeln (285 g), Salz
300 g Schabefleisch
$^{1}/_{4}$ Teel. Majoranpulver
1 Brühwürfel
1 Lorbeerblatt, 4 Pimentkörner
20 g Butter
1 Sträußchen Petersilie

Gieße in einen Topf 3 l Wasser und rühre 1 Eßlöffel Salz darunter. In den anderen Topf gießt du 1 l Wasser und gibst 1 Teelöffel Salz, den Brühwürfel sowie das Lorbeerblatt und die Pimentkörner hinein. Setze beide Töpfe auf große Flammen. Bis das Wasser kocht, vermische das Schabefleisch mit 1/4 Teelöffel Salz und mit dem Majoranpulver. Forme kleine Klößchen daraus, nicht größer als eine Walnuß. (Du kannst die Hände dazu nehmen, bürste sie aber vorher gründlich ab und feuchte sie mit Wasser an!)
Wenn das Wasser mit den Gewürzen kocht, stelle die Flamme klein und lasse es 5 Minuten kochen. Dann gibst du die Fleischklößchen dazu, stellst die Flamme nochmal groß, bis alles aufkocht, dann wieder klein. Lasse die Suppe 20 Minuten kochen. Wenn das Wasser im anderen Topf kocht, schütte die Spirelli hinein, rühre mit dem Holzlöffel um und lasse sie aufkochen. Dann stelle die Flamme klein und lasse die Spirelli 12 bis 18 Minuten kochen. (Die Kochzeit hängt von der Sorte ab, prüfe nach 12 Minuten, ob die Nudeln schon weich genug sind. Nimm dazu vorsichtig eine Nudel heraus.)
Während die Suppe und die Spirelli kochen, wäschst und wiegst du die Petersilie. Die fertigen Spirelli gießt du in das Sieb, läßt schnell etwas kaltes Wasser darüberlaufen und die Nudeln dann abtropfen. Inzwischen kannst du die Suppe vom Feuer nehmen. Rühre die Butter und die Nudeln darunter und streue die Petersilie darüber.
Serviere dazu einen frischen Salat oder eine Quarkspeise.

Allerleirauh

Kartoffelsuppe

Du brauchst für 4 Portionen

Geräte:
1 Kartoffelschäler – 1 spitzes Messer – 1 großer Topf – 1 Holzbrett – 1 Schöpflöffel – 1 Schüssel – 1 Sieb – 1 flacher Topf

Zutaten:
400 g Kartoffeln
200 g Sellerie
1 Paprikafrucht
1 l Wasser, 2 Brühwürfel
40 g Margarine
2 Zwiebeln
20 g Mehl
1/8 l Sahne, Salz
1 Sträußchen Petersilie

Schäle zuerst die Kartoffeln, schneide sie in größere Stücke und gib sie in den Topf. Schäle und wasche den Sellerie, schneide ihn in kleine Würfel und gib diese zu den Kartoffeln. Halbiere die Paprikafrucht, nimm das Kerngehäuse heraus, spüle die Paprikafrucht ab und lege sie auch zu den Kartoffeln. Gieße dann 1 l Wasser darüber, gib die Brühwürfel und 1/4 Teelöffel Salz dazu und setze den Topf zugedeckt auf eine große Flamme. Wenn die Suppe kocht, stelle die Flamme klein und lasse sie 25 Minuten kochen. Dann nimmst du den Topf vom Feuer. Hänge das Sieb über die Schüssel und rühre die Kartoffel-, Paprika- und Selleriestückchen durch das Sieb. Gieße nach und nach das Kochwasser dazu und rühre ständig, damit keine Rückstände im Sieb bleiben.

Nun schneide die geschälten Zwiebeln in kleine Würfel. Erhitze in dem flachen Topf die Margarine, gib die Zwiebelwürfel dazu und lasse sie 1 Minute dünsten. Rühre dabei ständig um. Schütte das Mehl hinein und verrühre alles, bis das Mehl hellgelb ist. Das dauert ungefähr 2 Minuten. Gieße dann die Sahne dazu, verrühre wieder alles und füge nach und nach die durchgesiebte Suppe dazu. (Nimm den Schöpflöffel dazu!) Wenn alles aufgekocht ist, stelle die Flamme klein und lasse die Suppe noch 15 Minuten leicht kochen. In der Zwischenzeit wäschst und wiegst du die Petersilie und deckst den Tisch. Reiche getoastetes Weißbrot und die Petersilie zu der Suppe.

Wenn du sie ganz besonders gut haben willst, kannst du auch kleine Jagdwurstwürfel mit Margarine braten und dazu servieren. Auch in Butter geröstete Weißbrotwürfel anstelle von Toast sind sehr lecker. Du kannst sie bereiten, während die Suppe kocht.

Ehe du die Suppe servierst, kostest du mal, ob sie genug gewürzt ist. Vielleicht mußt du noch ein bißchen Salz untermischen. Aber Vorsicht, es darf nicht zuviel sein! Stelle besser den Salzstreuer auf den Tisch, damit man sich nachwürzen kann.

Küchenmeistersuppe

Fleischbrühe mit Erbsen und Fadennudeln

Du brauchst für 4 Portionen

Geräte:
1 großer Topf – 1 Sieb – 1 Schüssel – 1 Teller – 1 Holzlöffel – 1 Holzbrett – 1 Wiegemesser

Zutaten:
500 g Brühknochen
Salz, 1 Lorbeerblatt
1 Gewürznelke, 5 Pfefferkörner
1 Brühwürfel, 1 Zwiebel
200 g Schabefleisch
1 Päckchen Erbsen aus der Tiefkühltruhe
125 g Fadennudeln
1 Bund Petersilie

Wasche die Knochen ab, lege sie in den Topf, gieße 2 l Wasser darüber, gib 1 Teelöffel Salz, das Lorbeerblatt, die Gewürznelke, Pfefferkörner, den Brühwürfel und die geschälte Zwiebel hinein und setze den Topf auf eine große Flamme. Wenn alles aufkocht, stelle die Flamme klein und lasse die Knochen 2 Stunden leicht kochen. In dieser Zeit kannst du etwas anderes machen, vergiß aber das Essen nicht.
Nach dieser Zeit gieße die Brühe durch das Sieb in die Schüssel, spüle den Topf aus, damit keine Gewürze mehr drin sind, und gieße die klare Brühe wieder hinein. Schütte die gefrorenen Erbsen in die Brühe, setze sie wieder auf eine große Flamme und lasse alles aufkochen. In der Zwischenzeit vermische auf dem Teller das Hackfleisch mit ¼ Teelöffel Salz, forme kleine Kugeln daraus und gib sie, wenn die Brühe mit den Erbsen aufgekocht hat, in den Topf. Lasse alles 8 Minuten kochen, stelle die Flamme dabei klein. Dann schütte die Fadennudeln dazu und lasse die Suppe noch weitere 5 Minuten kochen. Rühre öfters mit dem Holzlöffel um. In dieser Zeit wasche und wiege die Petersilie und streue sie, wenn du die Suppe vom Herd genommen hast, darüber. Schmecke ab, ob noch ein bißchen Salz fehlt, und serviere zu der »Küchenmeistersuppe« getoastetes Weißbrot oder noch besser Vollkornbrot.

Haspelchen

Möhrensuppe mit Fleischklößchen

Du brauchst für 3 Portionen

Geräte:
1 Topf – 1 Raspeleisen – 1 Kartoffelschäler – 1 spitzes Messer – 1 Teller – 1 Holzbrett – 1 Wiegemesser

Zutaten:
4 große Mohrrüben
4 mittelgroße Kartoffeln
½ Teel. Salz
½ Teel. Zucker
1 Lorbeerblatt
¼ Teel. Majoranpulver
150 g Schabefleisch
1 Sträußchen Petersilie
20 g Butter

Schabe die Mohrrüben, spüle sie mit kaltem Wasser ab und rasple sie auf der groben Seite des Raspeleisens in den Topf. Schäle die Kartoffeln, wasche sie ab, schneide sie in kleine Würfel und gib sie auch in den Topf. Fülle so viel Wasser darauf, daß alles reichlich bedeckt ist. Füge das Salz, den Zucker, das Lorbeerblatt und Majoranpulver dazu, rühre alles um. Dann formst du mit sauberen, angefeuchteten Händen das Schabefleisch zu kleinen Kugeln und legst sie auf die Kartoffelstückchen und Möhrenraspeln. Setze den Topf auf eine große Flamme. Wenn die Suppe aufkocht, stelle die Flamme klein, rühre alles um, decke den Deckel über den Topf und lasse die Suppe 12 Minuten kochen. Inzwischen wasche und wiege die Petersilie.

Nach der Kochzeit mischst du die Butter und die gewiegte Petersilie darunter und läßt das »Haspelchen« vor dem Auftragen noch 5 Minuten stehen, damit alles gut durchzieht.

Kasperlesuppe

Tomatensuppe

Du brauchst für 2 Portionen
Geräte:
1 Holzbrett – 1 spitzes Messer –
1 flacher Topf – 1 Holzlöffel –
1 Pfanne – 1 Gabel
Zutaten:
1 Zwiebel
20 g Margarine
1 gehäufter Eßl. Mehl
½ l Tomatensaft
4 Eßl. Kaffeesahne
Salz, Paprikapulver
25 g Butter, 1 Brötchen

Schäle die Zwiebel und schneide sie in kleine Würfel. Lasse die Margarine im Topf auf großer Flamme heiß werden, gib die Zwiebelwürfel dazu und dünste sie, bis sie glasig werden. (Das dauert 1 Minute.) Schütte das Mehl in den Topf und rühre alles mit dem Holzlöffel um,

bis das Mehl mit der Margarine und den Zwiebelwürfeln verbunden und hellgelb geworden ist. Das dauert auch nur 1 Minute. Gieße dann nach und nach den kalten Tomatensaft zu, rühre die Suppe dabei ständig um, damit keine Klümpchen entstehen. Lasse alles 2 Minuten unter ständigem Rühren kochen, drehe dann die Flamme aus. Gieße nun die Sahne in die Suppe, streue knapp ¼ Teelöffel Paprikapulver und ½ Teelöffel Salz hinein, verrühre alles und schmecke ab, ob vielleicht noch ein bißchen mehr Salz hinein muß.
Schneide das Brötchen in Scheiben, dann in kleine Würfel. Lasse die Butter in der Pfanne auf großer Flamme zerlaufen, gib die Semmelwürfel hinein und brate sie 2 bis 3 Minuten. Dabei ständig mit der Gabel umrühren! Die Brotrösteln gib erst in die Suppe, wenn du sie schon auf Teller getan hast. Sie dürfen nicht breiig werden, sondern müssen schön knusprig bleiben.

Wald und Feld

Pilzsuppe

Du brauchst für 4 Portionen
Geräte:
1 spitzes Messer – 1 Sieb – 1 flacher Topf – 1 Löffel – 1 Holzbrett – 1 Wiegemesser – 1 Toaster
Zutaten:
500 g Pilze, 40 g Margarine
30 g Mehl, ½ Teel. Salz
1 Sträußchen Petersilie
4 Weißbrotscheiben

Wenn du selbstgesuchte Pilze verwendest, so lasse sie von deinen Eltern nachsehen, ob auch alle eßbar und nicht etwa giftig sind. Putze sie dann, wasche sie gründlich ab, damit kein Sand mehr daran ist. Schneide die Pilze in Scheiben und gib sie in das Sieb zum Abtropfen.
Zerlasse nun in dem Topf die Margarine. Wenn sie anfängt, bräunlich zu werden, schütte die Pilze hinein und brate sie 3 bis 4 Minuten. Rühre dabei ständig mit dem Löffel um. Stäube danach das Mehl

darüber, rühre wieder alles gut um und gieße nach und nach 1 l Wasser dazu. Auch dabei mußt du ständig alles verrühren, damit es keine Klümpchen gibt. Mische das Salz darunter, rühre wieder um und schmecke ab, ob vielleicht noch ein bißchen Salz hinein muß. Wenn die Suppe aufkocht, stelle die Flamme klein und lasse alles noch 20 Minuten kochen. In der Zwischenzeit wasche und wiege die Petersilie, decke den Tisch und toaste das Brot, das du gesondert zu »Wald und Feld« servierst. Die Petersilie mische erst unter die Suppe, wenn du sie vom Feuer genommen hast. – Alles aufessen, Reste nicht nochmals aufwärmen!

Fleißiger Fischer

Fischsuppe

Du brauchst für 4 Portionen

Geräte:

1 Holzbrett – 1 spitzes Messer –
1 Schüssel – 1 großer Topf –
1 Holzlöffel – 1 Zitronenpresse –
1 Wiegemesser

Zutaten:

2 Mohrrüben
1 dicke Scheibe Sellerie
1 Porreestengel, 1 Zwiebel
30 g Margarine
1 gehäufter Eßl. Mehl
1 Teel. Salz
1/4 Teel. Paprikapulver
500 g Fischfilet
2 Eßl. Zitronensaft
1/2 Teel. Zucker
1 Sträußchen Petersilie

Schabe die Mohrrüben, wasche sie ab, schneide sie in dünne Scheiben. Putze und wasche den Sellerie, schneide ihn in kleine Würfel. Wasche den Porree gründlich ab und zerschneide ihn in 2 cm dicke Ringe. Schäle die Zwiebel und schneide sie in Würfel. (Gib das jeweils geschnittene Gemüse in die Schüssel.) Zerlasse nun die Margarine in dem Topf

auf großer Flamme, schütte das Gemüse hinein und lasse es 3 Minuten anschwitzen. Rühre dabei ständig mit dem Holzlöffel um, das Gemüse darf nicht braun werden. Stäube dann das Mehl darüber, vermische es mit dem Gemüse (Holzlöffel benutzen!) sehr gründlich. Gieße nach und nach 1¼l kaltes Wasser dazu und rühre immerzu um, damit es keine Klümpchen gibt. Wenn alles aufkocht, rühre vorsichtig das Salz und das Paprikapulver darunter, stelle die Flamme klein und lasse das Gemüse 10 Minuten kochen. Inzwischen wasche das Fischfilet, schneide es in ungefähr 5 cm lange, 3 cm breite Streifen und gib es, wenn das Gemüse 10 Minuten gekocht hat, in den Topf. Stelle die Flamme groß, bis alles aufkocht, rühre die Suppe vorsichtig um und lasse sie noch 10 Minuten auf kleiner Flamme kochen. Dabei Deckel aufsetzen! In dieser Zeit presse die Zitrone aus, wasche und wiege die Petersilie. Nimm die fertige Suppe vom Feuer, würze sie mit 2 Eßl. Zitronensaft, dem Zucker und schmecke ab, ob noch etwas Salz hinein muß. Erst kurz vor dem Auftragen mische die Petersilie vorsichtig darunter.
Stelle zu der Fischsuppe kräftiges Brot auf den Tisch.

Hochzeitssuppe

Obstkaltschale

Du brauchst für 4 Portionen

Geräte:
1 spitzes Messer – 1 Holzbrett –
1 Schüssel – 1 großer Topf –
1 Holzlöffel – 1 Servierschüssel

Zutaten:
4 mittelgroße Äpfel
4 große Birnen, 12 Pflaumen
8 Aprikosen oder 20 Weinbeeren
1 Tasse Wasser
1 Eßl. Zucker, 1 Päckchen Vanillinzucker
Schale von ¼ Zitrone

Schäle die Äpfel und Birnen, schneide sie in Achtel, entferne Kerngehäuse und Blüten. Gib die fertigen Stücke immer gleich in die Schüssel, damit kein Saft verlorengeht. Halbiere die Pflaumen und Aprikosen, entkerne sie, spüle sie ab und gib sie zu den anderen Obststücken. Gieße in den Topf reichlich 1 Tasse Wasser, rühre den Zucker, Vanillinzucker und die Zitronenschale (vorher mit heißem Wasser gründlich abwaschen!) darunter, fülle die Obststücke in den Topf, setze ihn auf eine große Flamme und rühre vorsichtig mit dem Holzlöffel um. Wenn alles aufkocht, stelle die

Flamme klein, schmecke ab, ob noch Zucker fehlt, rühre nochmal vorsichtig um und lasse die Suppe zugedeckt 4 Minuten kochen. Nimm sie dann vom Feuer, lasse sie abkühlen, fülle sie in die Servierschüssel und stelle sie noch 1 bis 2 Stunden in den Kühlschrank, ehe du sie aufträgst.
Du kannst kurz vor dem Servieren kleine Biskuit-Kekse auf die »Hochzeitssuppe« legen.

Jägersuppe

kalte Joghurtsuppe

Du brauchst für 4 Portionen

Geräte:
1 Holzbrett – 1 spitzes Messer –
1 Schüssel – 1 Gabel – 4 Teller

Zutaten:
1 Bund Radieschen
2 Tomaten
4 dicke Scheiben grüne Gurke
¼ Teel. Salz
3 Flaschen Joghurt
1 Bund Schnittlauch

Wasche und putze die Radieschen, schneide sie in sehr kleine Würfel, gib sie in die Schüssel. Schneide die Tomaten nach dem Waschen auch in sehr kleine Würfel, ebenfalls die Gurkenscheiben. Vermische alles in der Schüssel mit dem Salz. Fülle Joghurt darüber, rühre vorsichtig um und stelle die Schüssel 1 Stunde in den Kühlschrank. Kurz vor dem Servieren wasche den Schnittlauch ab, zerschneide ihn in kleine Stücke und streue ihn über die »Jägersuppe«. Das kühle Gericht schmeckt gut an heißen Tagen.

Frau Holle

…»Was fürchtest du dich, liebes Kind? Bleib bei mir, wenn du alle Arbeit im Hause ordentlich tun willst, so soll dir's gut gehen. Du mußt nur acht geben, daß du mein Bett gut machst und es fleißig aufschüttelst, daß die Federn fliegen, dann schneit es in der Welt; ich bin die Frau Holle.« Weil die Alte ihm so gut zusprach, so faßte sich das Mädchen ein Herz, willigte ein und begab sich in ihren Dienst. Es besorgte auch alles nach ihrer Zufriedenheit und schüttelte ihr das Bett immer gewaltig auf, daß die Federn wie Schneeflocken umherflogen; dafür hatte es auch ein gut Leben bei ihr, kein böses Wort, und alle Tage Gesottenes und Gebratenes…

Selbstverständlich weißt du, was Gebratenes ist: Schnitzel, Steaks, Bratkartoffeln, Kartoffelpuffer und weiteres mehr. Aber Gesottenes?
Das Wort stammt von »sieden«, was soviel wie kochen heißt. Aber man bezeichnete früher auch solche Speisen als »Gesottenes«, die in viel heißem Öl oder Schmalz gebacken wurden. Zum Beispiel Backhähnchen, Pfannkuchen, Schmalzkringel und ähnliches. Was es bei Frau Holle an Gebratenem, Gekochtem oder in Fett Gesottenem gab, wissen wir nicht genau. Auf jeden Fall solltest du nichts im siedenden Öl- oder Schmalztopf herstellen. Das könnte gefährlich werden. Solche Speisen kannst du erst machen, wenn du älter bist oder wenn Erwachsene dabei sind. Aber die folgenden Rezepte haben Susanne, Christian und Mathias ausprobiert. Du kannst dich darauf verlassen, daß sie gut schmecken.

Männlein auf der Wiese

panierte Jagdwurst mit Erbsenreis

Du brauchst für 3 Portionen

Geräte:

1 Gabel – 1 Teller – 1 Holzbrett –
1 kleinerer Topf – 1 größerer Topf –
1 Holzlöffel – 1 Schüssel – 1 Pfanne

Zutaten:

1 Ei, 3 dicke Scheiben Jagdwurst (je 50 g)
3 Eßl. Semmelmehl
1 kleines Päckchen gefrorene Erbsen
Salz, 1 Lorbeerblatt, ½ Teel. Zucker
1 Beutel Kurzkochreis, 20 g Butter
20 g Margarine

Schlage das Ei auf den Teller, verrühre es gründlich mit der Gabel. Schütte das Semmelmehl auf das Holzbrett. Ziehe von der Wurst die Haut ab und wende sie nacheinander erst in dem Ei, dann in dem Semmelmehl. Wenn von dem Ei noch etwas übrig ist, verknetest du es mit dem übrigen Semmelmehl und formst kleine Plätzchen daraus. Lege sie mit den panierten Wurstscheiben auf den Teller und stelle diesen in den Kühlschrank. Nun schütte die gefrorenen Erbsen in den größeren Topf, fülle so viel kaltes Wasser darauf, daß sie gut bedeckt sind. Gib das Lorbeerblatt, den Zucker und ½ Teel. Salz dazu und stelle den Topf auf eine große Flamme. In den kleineren Topf gieße 1 l Wasser, gib 1 Teel. Salz hinein und bringe es auch auf großer Flamme zum Kochen. Wenn die Erbsen aufkochen, stelle die Flamme klein und lasse noch 10 bis 12 Minuten kochen. Die Kochzeit hängt von der Sorte ab, prüfe nach 10 Minuten, ob sie schon weich genug sind.

Wenn das Wasser im kleinen Topf kocht, gib den Reisbeutel hinein, stelle die Flamme klein und lasse den Reis zugedeckt 10 Minuten kochen. Dann gieße ihn ab, lasse aber den Beutel im Topf noch zu, bis die Erbsen fertig sind. Unter die fertigen Erbsen rühre die Butter und schmecke ab, ob noch etwas Salz fehlt. Sei aber vorsichtig beim Nachwürzen! Nun schneide den Reisbeutel über dem

Topf auf und vermische die Erbsen gründlich mit dem Reis. Stelle den Topf warm. Zerlasse in der Pfanne auf großer Flamme die Margarine. Wenn sie zu bräunen beginnt, gibst du die Jagdwurstscheiben und Semmelplätzchen hinein und läßt sie von jeder Seite bei kleiner Flamme 3 Minuten braten. Inzwischen gib das Reis-Erbsen-Gemisch in eine Servierschüssel, lege die gebratenen Jagdwurstscheiben darauf, gieße das Bratfett darüber und bringe »Männlein auf der Wiese« sofort zu Tisch.

Eiserner Heinrich

gebratene Bockwurst

Du brauchst für 2 Portionen

Geräte:

1 Holzbrett – 1 spitzes Messer –
1 Schüssel – 1 Tasse – 1 Löffel –
1 Pfanne – 1 Messer – 1 Gabel

Zutaten:

4 Tomaten, 1 Zwiebel
knapp 1/4 Teel. Salz
1 Prise Paprikapulver
1/2 Teel. Essig, 1/4 Teel. Zucker
2 Teel. Öl
2 Bockwürste
20 g Margarine

Wasche die Tomaten, entferne den Stielansatz, schneide sie in Scheiben und gib sie in die Schüssel. Schäle die Zwiebel, halbiere sie und schneide sie in sehr dünne Scheibchen. Gib sie zu den Tomaten und streue das Salz und das Paprikapulver darüber. Vermische in der Tasse den Essig mit 4 Eßl. Wasser und dem Zucker, gieße das Essigwasser und das Öl über die anderen Zutaten und vermische den Salat gründlich. Stelle ihn in den Kühlschrank, bis das andere Essen fertig ist.

Nun schneide die Bockwürste der Länge nach durch und ritze mit dem spitzen Messer die Haut kreuz und quer ein. Zerlasse die Margarine in der Pfanne auf großer Flamme, gib die Bockwursthälften hinein und lasse sie auf kleiner Flamme 3 Minuten braten. Dann wendest du die Wursthälften und läßt sie von der anderen Seite auch 3 Minuten braten. Serviere sie sofort mit Vollkornbrot-

scheiben und dem Tomatensalat. Du könntest zum »Eisernen Heinrich« aber auch Bratkartoffeln machen; die müßtest du allerdings schon vorher zubereiten, damit die Würste nicht kalt auf den Tisch kommen.

Hol mich heraus

Buletten

Du brauchst für 4 Portionen

Geräte:
1 Schüssel – 1 Holzbrett – 1 spitzes Messer – 1 große Pfanne – 1 Gabel – 1 Löffel

Zutaten:
200 g Schabefleisch
200 g Hackepeter
1 Ei, 1 Zwiebel
2 Eßl. Semmelmehl
½ Teel. Salz, ½ Teel. Majoran
30 g Margarine

Gib das Fleisch in die Schüssel, schlage das Ei darüber. Schäle die Zwiebel, schneide sie in kleine Würfel, gib sie in die Schüssel, ebenso das Semmelmehl, das Salz, den Majoran und 4 Eßl. Wasser. Vermische alles sehr gründlich. (Nimm die Hände dazu, bürste sie aber vorher gründlich sauber!) Wenn die Masse noch sehr fest ist, gib noch etwas Wasser dazu. Forme dann 4 gleichgroße ovale Buletten daraus und lege sie auf das Holzbrett. Heize nun die Backröhre an, stelle sie auf Mittelhitze. Zerlasse in der Pfanne auf großer Flamme die Margarine. Wenn sie zu bräunen anfängt, gib die Buletten hinein, lasse sie 2 Minuten braten, stelle die Flamme klein und lasse die Buletten auf der anderen Seite auch 2 Minuten braten. Dann stellst du die Pfanne in die vorgeheizte Röhre. Nach 10 Minuten drehst du die Buletten um (Vorsicht, Topflappen!) und läßt sie nochmals 10 Minuten backen. In der Zwischenzeit könntest du einen frischen Salat und Kartoffelbrei herstellen (siehe Rezeptverzeichnis). Du kannst die fertigen »Hol mich heraus« aber auch zu kräftigem Landbrot servieren.

Brutzelmännchen

Hacksteaks

Du brauchst für 4 Portionen

Geräte:
1 Schüssel – 1 Holzbrett – 1 spitzes Messer – 1 große Pfanne – 1 Gabel – 1 breites Messer

Zutaten:
300 g Schabefleisch
100 g Hackepeter
2 Zwiebeln, 1/4 Teel. Salz
1 Messerspitze Pfeffer
1 Eßl. Öl, 20 g Margarine

Gib das Fleisch in die Schüssel. Schäle die Zwiebeln und schneide sie in sehr kleine Würfel (siehe Kochlexikon). Schütte nun die Zwiebelwürfel zu dem Fleisch, gib das Salz, den Pfeffer und 1 Eßl. kaltes Wasser dazu. Verknete die Zutaten mit feuchten Händen (vorher waschen und bürsten!) sehr gründlich, der Fleischteig muß schön glatt sein. Nun forme 1 cm dicke Plätzchen daraus und lege sie auf das Holzbrett. Gieße das Öl in die Pfanne, lasse es auf großer Flamme sehr heiß werden. Lege die Fleischplätzchen hinein und lasse sie 1/2 Minute braten. Wende sie dann um, stelle die Flamme klein und füge die Margarine hinzu. Lasse dann die Brutzelmännchen noch von jeder Seite 4 Minuten auf kleiner Flamme braten, ehe du sie servierst. Du könntest dazu Kartoffelbrei und einen frischen Salat auf den Tisch bringen. »Brutzelmännchen« schmecken aber auch gut zu kräftigem Brot. Etwas Frisches, Gurkenscheiben, Tomatenviertel, Radieschen oder rohe Paprikafrüchte, solltest du aber auch dazu vorbereiten.

Gescheiter Hans

Schnitzelgulasch

Du brauchst für 3 Portionen

Geräte:
1 Holzbrett – 1 Fleischklopfer – 1 spitzes Messer – 1 Schüssel – 1 flacher Topf – 1 Gabel – 1 Holzlöffel – 1 Tasse

Zutaten:
2 große Schnitzel
3 Tomaten
3 Paprikafrüchte
1/2 grüne Gurke
1 Zwiebel
30 g Margarine
1/2 Teel. Salz
1/4 Teel. Edelsüßpaprika
4 Eßl. Kaffeesahne
1/4 Teel. Stärkemehl

Spüle die Schnitzel ab, trockne sie gut ab, klopfe sie von beiden Seiten dünn und schneide sie in ungefähr 2 cm breite, 4 cm lange Streifen. Wasche die Tomaten, schneide sie in Viertel (entferne dabei den Stielansatz) und gib sie in die

Schüssel. Halbiere die Paprikafrüchte, schabe die Kerne heraus, spüle die Früchte mit kaltem Wasser ab und schneide sie in größere Stücke. Gib sie zu den Tomaten. Wenn die Gurke nicht sehr zart ist, schäle sie (sonst kannst du die Schale dran lassen), schneide sie in nicht zu große Würfel und gib sie auch in die Schüssel. Schäle die Zwiebel, schneide sie in kleine Würfel und stelle sie inzwischen beiseite (nicht in die Schüssel geben).

Nun zerlasse auf großer Flamme im Topf die Margarine, gib die Fleischstreifen hinein und brate sie ungefähr 4 Minuten, bis sie bräunlich werden. Dabei rühre ständig mit der Gabel um. Dann gib die Zwiebelwürfel dazu und verrühre alles noch 1 Minute. Jetzt erst schütte das Salatgemüse aus der Schüssel dazu, streue Salz und Paprikapulver darüber.

Bis alles aufkocht, mußt du ständig mit dem Holzlöffel umrühren. Lasse alles noch 15 Minuten dünsten, stelle aber vorher die Flamme klein und setze den Deckel auf den Topf. Inzwischen verrühre in der Tasse die Kaffeesahne mit dem Stärkemehl. Nach 15 Minuten rührst du sie unter das Essen und läßt alles gerade noch mal aufkochen. Schmecke ab, ob etwas Salz fehlt. Du könntest zum »Gescheiten Hans« Kartoffelbrei, Kurzkoch-Reis oder Spirelli (siehe Rezeptverzeichnis) servieren.

Goldmarie

paniertes Schnitzel

Du brauchst für 2 Portionen

Geräte:

1 Holzbrett – 1 Fleischklopfer –
1 spitzes Messer – 1 Teller – 1 Gabel –
1 Pfanne

Zutaten:

2 Schweineschnitzel, Salz
1 Ei
1 Eßl. Mehl, 3 Eßl. Semmelmehl
3 Eßl. Öl
10 g Butter
½ Zitrone
2 Tomaten

Den Namen »Goldmarie« hat Christian für Schnitzel erfunden, die zart, knusprig und goldgelb sind. Wenn du sie ebensogut haben willst, mußt du alles ganz genau so machen, wie hier beschrieben.
Lege die sauberen Schnitzel auf das Holzbrett und klopfe sie mit dem Fleischklopfer sehr dünn. Schiebe sie dann wieder etwas zusammen und bestreue sie mit ganz wenig Salz. Schlage das Ei in den Teller, verrühre es gründlich mit der Gabel. Schütte auf die eine Hälfte des Holzbretts das Mehl, auf die andere das Semmelmehl. Nun wendest du die Schnitzel von beiden Seiten zuerst in dem Mehl, dann in dem Ei und zuletzt im Semmelmehl. Lege die panierten Schnitzel auf einem Teller übereinander und stelle sie mindestens 2 Stunden in den Kühlschrank. Das ist wichtig, weil dadurch die Panade fest wird und die Schnitzel gut durchziehen. 15 Minuten vor dem Essen läßt du das Öl in der Pfanne auf großer Flamme sehr heiß werden. Lege nun die Schnitzel hinein und lasse sie 2 Minuten braten. Wende sie um, stelle die Flamme klein, gib die Butter dazu und lasse die Schnitzel von jeder Seite noch 3 Minuten braten. In der Zwischenzeit wäschst du die Zitrone heiß ab und schneidest sie in Scheiben. Die Tomaten wäschst du ebenfalls, schneidest sie in Viertel und bestreust sie mit ein wenig Salz. Die fertigen Schnitzel legst du auf Teller, garnierst sie mit Zitronenscheiben und Tomatenvierteln und trägst sie sofort auf. Du könntest Pommes frites (siehe Rezeptverzeichnis) dazu reichen.

Schüttel mich

Bockwurstgulasch

Du brauchst für 3 Portionen

Geräte:
1 Holzbrett – 1 spitzes Messer – 1 große Pfanne mit Deckel – 1 Löffel – 1 Gabel – 1 Wiegemesser

Zutaten:
3 Bockwürste
2 Zwiebeln, 30 g Margarine
1½ Eßl. Tomatenketchup
½ Teel. Mehl
1 Tasse Wasser
1 Teel. flüssige Suppenwürze
1 Prise Zucker, Salz
4 Eßl. Kaffeesahne

Enthäute die Würste und schneide sie in 1 cm dicke Scheiben. Schäle die Zwie-

beln und schneide sie in sehr kleine Würfel. Lasse die Margarine auf großer Flamme in der Pfanne anbräunen und gib die Wurstscheiben und Zwiebelwürfel hinein. Lasse sie 3 Minuten anbraten, rühre dabei ständig mit der Gabel um. Dann mische den Ketchup darunter, stäube das Mehl darüber und rühre wieder alles gründlich um. Nun gieße das Wasser darüber, verrühre es mit dem Pfanneninhalt, gib die Suppenwürze und den Zucker dazu und lasse alles aufkochen, dabei immer umrühren! Stelle dann die Flamme klein, decke die Pfanne mit dem Deckel zu und lasse alles noch 8 Minuten dünsten. Nach dieser Zeit rührst du die Kaffeesahne unter und schmeckst ab, ob noch ein bißchen Salz untergemischt werden muß.
Zu »Schüttel mich« kannst du Brot oder Nudeln servieren. Diese müßtest du allerdings schon vorher kochen.

Katze und Maus

Spiegeleier mit Brot

Du brauchst für 2 Portionen

Geräte:
1 Holzbrettchen – 1 Senfglas – 1 große Pfanne – 1 Messer

Zutaten:
2 Scheiben Mischbrot
20 g Margarine
2 Eier, etwas Salz, etwas Paprikapulver
2 Tomaten oder 1 grüne Gurke

Stich mit dem Senfglas aus den Brotscheiben in der Mitte je ein Loch aus. Lasse die Margarine in der Pfanne auf großer Flamme anbräunen, gib die Brotscheiben und die ausgestochenen Rundteile hinein und lasse sie 1 Minute braten. Drehe sie um und schlage in die Löcher je 1 Ei. Bestreue diese mit ganz wenig Salz und Paprika. Stelle die Flamme klein, setze einen Deckel auf die Pfanne und lasse alles braten, bis das Eiweiß geronnen ist. (Die Flamme muß sehr klein sein, damit die Brote unten nicht verbrennen!) Dann legst du die Eibrote auf Teller und garnierst sie mit Tomaten- oder Gurkenscheiben.

Doktor Allwissend

Hühnerbrust mit Käse

Du brauchst für 4 Portionen

Geräte:

1 Holzbrett – 1 Küchenmesser – 1 große Pfanne mit Deckel – 1 Gabel – 1 Tasse – 1 Servierplatte

Zutaten:

1 Päckchen gefrorene Hühnerbrüste (2 Stück)
Salz, Pfeffer
40 g Margarine
4 dünne Scheiben Bierschinken
½ Teel. flüssige Suppenwürze
¼ Teel. Essig
¼ Teel. Zucker
4 gestrichene Eßl. geriebener Käse
2 Tomaten

Dieses etwas kostspielige Essen könntest du deiner Familie mal an einem Sonn- oder Feiertag vorsetzen. Du mußt aber im Kochen schon etwas geübt sein, ehe du das Rezept probierst. Schiefgehen kann nichts, wenn du die folgenden Angaben genau befolgst.

Lasse rechtzeitig vorher die Hühnerbrüste auftauen, spüle sie unter fließendem kaltem Wasser ab und trockne sie mit Küchenpapier oder einem sauberen Leinenlappen. Teile sie dann längs durch, so daß du 4 Stücke erhältst. Reibe sie mit wenig Salz ein und streue über jedes Stück Brust ganz wenig Pfeffer. Nun stelle die Pfanne auf eine mittelgroße Flamme, gib die Margarine hinein und lasse sie zerlaufen. Wenn sie zu bräunen beginnt, lege die Hühnerbrüste hinein und lasse sie 2 Minuten braten. Dann wende sie um, lasse sie von der anderen Seite auch zwei Minuten braten, stelle die Flamme klein und verteile die Bierschinkenscheiben auf die Hühnerbrüste. Vermische die Suppenwürze mit dem Essig, dem Zucker und 4 Eßl. Wasser, gieße die Mischung in die Pfanne. Wenn die Flüssigkeit aufkocht, decke die Pfanne mit dem Deckel zu und lasse alles noch 10 Minuten dünsten. Dann streue den Käse über die Hühnerstücke, decke die Pfanne wieder zu und lasse alles auf kleiner Flamme noch 4 Minuten dünsten. »Doktor Allwissend« ist dann fertig, und du kannst das feine Essen mit Spaghetti oder Spirelli servieren. Die mußt du aber schon vorher kochen. Lege die Spaghetti oder Spirelli auf die Platte, verteile die Hühnerstücke und die Flüssigkeit aus der Pfanne darüber und garniere mit Tomatenscheiben oder -vierteln.

Frau Holle

Fischfilet

Du brauchst für 2 Portionen

Geräte:

1 Schüssel – 1 Holzbrett – 1 Teller – 1 Pfanne – 1 Messer

Zutaten:

250 g Fischfilet
1 Eßl. Essig
Salz
1 Ei
1 Eßl. Mehl
2 Eßl. Semmelmehl
30 g Margarine
2 Zitronenscheiben

Spüle das Fischfilet unter fließendem kalten Wasser ab, lege es in die Schüssel und gieße den Essig darüber. Wende es einige Male um. Trockne den Fisch dann mit Küchenpapier ab und schneide ihn in mehrere große Stücke. Bestreue die Fischstücke mit ganz wenig Salz und paniere sie mit dem Ei, Mehl und der geriebenen Semmel genauso wie die Schnitzel im Rezept »Goldmarie« (S. 77). Lasse dann die Margarine in der Pfanne anbräunen und brate die Fischfilets von jeder Seite 5 Minuten. Stelle dabei die Flamme klein. Die fertigen Fischstücke garnierst du mit halben Zitronenscheiben.

Du könntest dazu Kartoffelsalat (siehe Rezeptverzeichnis) servieren, den du aber schon vorher zubereiten mußt.

Rumpelstilzchen

…Den dritten Tag kam der Bote wieder zurück und erzählte: »Neue Namen habe ich keinen einzigen finden können, aber wie ich an einen Berg um die Waldecke kam, wo Fuchs und Has sich gute Nacht sagen, so sah ich da ein kleines Haus, und vor dem Haus brannte ein Feuer, und um das Feuer sprang ein gar zu lächerliches Männchen, hüpfte auf einem Bein und schrie:

Heute back' ich, morgen brau' ich,
übermorgen hol' ich der Königin ihr Kind;
ach, wie gut ist, daß niemand weiß,
daß ich Rumpelstilzchen heiß'!«

Da könnt ihr denken, wie die Königin froh war, als sie den Namen hörte, und als bald hernach das Männlein hereintrat und fragte: »Nun, Frau Königin, wie heiß' ich?«, fragte sie erst: »Heißest du Kunz?« – »Nein.« – »Heißest du Heinz?« – »Nein.« – »Heißest du etwa Rumpelstilzchen?« …

Susanne, Mathias und Christian essen für ihr Leben gern Gebackenes. Du auch?
In diesem Kapitel findest du einige Rezepte von herzhaften gebackenen Speisen, die du erst nachmachen kannst, wenn du schon ein bißchen Übung im Kochen hast. Aber es sind auch ganz einfach herzustellende Gerichte dabei, zum Beispiel »Rippenbiest«, »Hammelwade« oder »Rumpelstilzchen«. Die anderen kannst du dir ja für später vormerken, wenn du ein richtiger Kochkünstler geworden bist. Viel Spaß beim Ausprobieren!

Spinnerinküchlein

Eierkuchen

Du brauchst für 2 bis 3 Portionen

Geräte:

1 Schüssel – 1 Sieb – 1 Holzlöffel – 1 Quirl – 1 Tasse – 1 mittelgroße Pfanne – 1 Eßlöffel – 1 breites Messer

Zutaten:

100 g Mehl, 1/8 l Milch
3 Eier, 1 Messerspitze Salz
60 g Margarine
Zucker

Hänge das Sieb über die Schüssel, schütte das Mehl hinein und siebe es in die Schüssel. Gieße nach und nach (immer nur sehr wenig) die Milch dazu und verrühre beides ununterbrochen, damit es keine Klümpchen gibt. Dann schlage die Eier einzeln in die Tasse, gib sie in die Schüssel, streue das Salz darüber und verquirle alles sehr gründlich, so daß der Teig schön glatt ist. Nun setze die Pfanne auf eine große Flamme und gib 20 g Margarine hinein. Wenn sie zu bräunen beginnt, gieße 4 bis 5 Eßlöffel Teig hinein, so viel, daß der Pfannenboden bedeckt ist. Stelle dann sofort die Flamme klein und schwenke die Pfanne (Topflappen benutzen!) ein wenig, damit der Teig zerläuft. Nach 2 Minuten hebe vorsichtig mit dem breiten Messer den Eierkuchen an und wende ihn um. (Rüttle vorher die Pfanne hin und her, damit sich aller Teig vom Boden löst.) Der Kuchen muß auch von der anderen Seite noch ungefähr 1 Minute backen, bis er leicht angebräunt ist. Dann läßt du das fertige Küchlein aus der Pfanne auf einen Teller gleiten, bestreust es mit Zukker und wiederholst alles, bis der Teig aufgebraucht ist. Achte darauf, daß die Margarine immer erst sehr heiß sein muß, ehe du den Teig in die Pfanne gibst. Serviere dazu Kompott.

Rippenbiest

Kartoffelpuffer

Du brauchst für 2 Portionen

Geräte:

1 Kartoffelschäler – 1 Schüssel – 1 Reibeisen – 1 Holzlöffel – 1 mittelgroße Pfanne – 1 breites Messer

Zutaten:

4 sehr große Kartoffeln, 1 Ei
1 gehäufter Teel. Mehl
2 Messerspitzen Salz
Öl zum Backen
Zucker

Schäle die Kartoffeln, wasche sie ab und reibe sie in die Schüssel. (Vorsicht! Reibe die Kartoffelreste lieber nicht ganz klein, damit du dich nicht verletzt.) Gib zu den geriebenen Kartoffeln das Ei, Mehl sowie Salz und verrühre alles gründlich. Lasse auf großer Flamme die Pfanne heiß werden, gieße so viel Öl hinein, daß der Boden gut bedeckt ist. Wenn das Öl sehr heiß ist, gib so viel von der Kartoffelmasse (ungefähr 2 bis 3 Eßlöffel) hinein, daß der Pfannenboden restlos bedeckt ist, wenn du sie mit dem Löffel breit streichst. Lasse das »Rippenbiest« ½ Minute auf großer Flamme braten, stelle die Flamme klein und lasse es noch so lange brutzeln, bis die Kartoffelmasse auf der oberen Seite anfängt, trocken zu werden. Rüttle dann die Pfanne hin und her, fahre mit dem Messer vom Rand her unter die gebackene Seite und drehe das »Rippenbiest« um. (Wenn kein Öl mehr in der Pfanne ist, gib wieder ein bißchen dazu.) Lasse den Kartoffelpuffer von der anderen Seite noch 1 Minute braten. Wenn das »Rippenbiest« von beiden Seiten schön angebräunt ist, lasse es aus der Pfanne auf einen Teller gleiten.
Serviere die »Rippenbiester« mit Zucker, den sich aber jeder nach Geschmack selbst daraufstreut.

Hammelwade

Quarkkeulchen

Du brauchst für 2 Portionen

Geräte:
1 Schüssel – 1 Kartoffelpresse – 1 Sieb – 1 große Pfanne – 1 breites Messer

Zutaten:
250 g gekochte Kartoffeln
125 g Quark
50 g Mehl
30 g Zucker
2 Messerspitzen Salz
1 Ei
2 Eßl. Rosinen
1 Eßl. Öl
30 g Margarine
3 Eßl. Zucker
½ Teel. Zimt

Quetsche die Kartoffeln in die Schüssel. (Wenn ihr keine Kartoffelpresse habt, dann reibe sie mit dem Reibeisen.) Gib den Quark dazu, siebe das Mehl darüber, gib den Zucker, das Salz, das Ei und die Rosinen (vorher warm waschen) in die Schüssel und verknete alles zu einem Teig. Nimm die Hände dazu, sie müssen aber tadellos sauber sein. Damit der Teig nicht an den Fingern kleben bleibt, reibe die Hände mit Mehl ein.

Wenn der Teig richtig durchgeknetet ist, forme handtellergroße, ovale, 3 cm dicke Keulchen daraus.
Gib das Öl in die Pfanne, setze sie auf eine große Flamme. Wenn das Öl richtig heiß ist, gib die Margarine dazu, lasse sie anbräunen und lege die »Hammelwaden« in die Pfanne. Stelle die Flamme klein und lasse die Keulchen 4 Minuten braten. Wende sie mit dem Messer um und lasse sie auf der anderen Seite auch 4 Minuten braten, bis sie von beiden Seiten schön goldbraun sind. Achte darauf, daß sie nicht verbrennen, stelle die Flamme so klein wie möglich. Während die »Hammelwaden« braten, vermische den Zucker mit dem Zimt und decke den Tisch. Du könntest dazu ein Milchmixgetränk (siehe Rezeptverzeichnis) servieren.

Rumpelstilzchen

Tomaten-Käse-Toast

Du brauchst für 2 Portionen

Geräte:
1 kleiner flacher Topf – 1 Holzlöffel –
1 spitzes Messer – 1 Holzbrett –
1 Pfanne – 1 Toaster –
2 Abendbrotteller

Zutaten:
15 g Margarine
1 gehäufter Teel. Mehl
1 Brühwürfel, 3 Eßl. Kaffeesahne
50 g geriebener Käse
4 Scheiben Magerspeck
4 dünne Weißbrotscheiben
1 Eßl. Mayonnaise
2 Tomaten, Salz

Zerlasse in dem Topf auf mittelgroßer Flamme die Margarine, gib das Mehl dazu und verrühre es mit der Margarine. Gieße nach und nach knapp 1 Tasse Wasser dazu, rühre ständig um, damit sich keine Klümpchen bilden. Gib den Brühwürfel und die Kaffeesahne dazu und lasse die dickliche Soße unter Rühren 2 Minuten kochen. Nimm sie dann vom Feuer, rühre den geriebenen Käse darunter und halte die Soße warm.
Stelle die Pfanne auf eine mittelgroße Flamme, gib die dünnen Magerspeckscheibchen hinein, lasse sie von jeder Seite 1 bis 2 Minuten braten, dabei die Flamme klein stellen. Inzwischen toaste das Brot (siehe Kochlexikon), wasche nun die Tomaten ab und schneide sie in Scheiben (entferne auch den Stielansatz). Bestreiche 2 Toastscheiben mit der Mayonnaise, lege die Tomatenscheiben

(mit wenig Salz bestreuen) darauf und decke die anderen zwei Toastscheiben darüber. Gib die Brote auf die Teller, verteile die Magerspeckscheiben darauf und gieße die Käsesoße darüber. Bringe »Rumpelstilzchen« sofort zu Tisch.

Schnürbein

Blätterteig mit Hackfleischfüllung

Du brauchst für 4 Portionen

Geräte:
1 Holzbrett – 1 Nudelrolle – 1 Schüssel – 1 Tasse – 1 spitzes Messer – 1 Backblech – 1 Pfanne – 1 Gabel

Zutaten:
½ Päckchen gefrorener Blätterteig
150 g Schabefleisch
100 g Hackepeter
1 Zwiebel, ¼ Teel. Salz
1 Messerspitze Paprika
1 Ei, 1 Eßl. geriebene Semmel
20 g Margarine

Lasse den Blätterteig auftauen, rolle ihn auf dem Brett sorgfältig aus, bis er 4 bis 5 mm dick ist. Schneide ihn in 4 rechteckige Teile, die 8 cm breit und ungefähr 12 cm lang sind.

Gib alles Fleisch in die Schüssel. Schäle die Zwiebel, schneide sie in sehr kleine Würfel, streue sie über das Fleisch. Füge das Salz, Paprikapulver, das Ei (vorher in die Tasse schlagen!) sowie die geriebene Semmel und 4 Eßlöffel Wasser hinzu. Verknete alles sehr gründlich. (Hände vorher bürsten!) Forme aus der Masse 4 Würstchen. Zerlasse in der Pfanne auf mittelgroßer Flamme die Margarine. Wenn sie zu bräunen beginnt, lege die Würstchen hinein und lasse sie ringsum hellbraun braten. Dabei Flamme klein stellen und öfters umwenden. Das dauert ungefähr 6 Minuten. Wickle die Würstchen dann in die Blätterteigstücke ein und drücke die Kanten fest an. Lege sie auf das Backblech, das du vorher mit kaltem Wasser abgespült hast. Heize die Backröhre vor, stelle die Flamme auf Mittelhitze. Wenn die Röhre heiß ist, gib das Backblech hinein

und lasse die »Schnürbeine« 12 Minuten backen. Bevor du sie herausnimmst, sieh nach, ob sie schon goldbraun sind. Erst dann sind sie fertig.

Eulenkuchen

Sauerkrautpuffer

Du brauchst für 2 Portionen

Geräte:
1 Sieb – 1 Holzbrett – 1 spitzes Messer – 1 Schüssel – 1 Kartoffelschäler – 1 Reibeisen – 1 Löffel – 1 kleine Pfanne – 1 breites Messer – 1 Teller

Zutaten:
100g rohes Sauerkraut
400g große rohe Kartoffeln
1 kleine Zwiebel
1 kleines Ei
2 Messerspitzen Salz, Öl zum Braten

Gib das Sauerkraut in das Sieb, lasse kurz kaltes Wasser darüberlaufen und drücke es anschließend fest aus, damit es nicht zu naß ist. Zerschneide die Krautfäden auf dem Holzbrett in sehr kleine Stücke. (Du kannst sie auch mit dem Wiegemesser zerkleinern.) Dann schäle die Kartoffeln, spüle sie mit kaltem Wasser ab und reibe sie in die Schüssel. (Vorsicht, daß du dir dabei nichts vom Finger mit abreibst!) Nun gib das zerkleinerte Sauerkraut, die geschälte und in sehr kleine Würfel geschnittene Zwiebel, das Ei und das Salz dazu und vermische alles gründlich mit dem Löffel. Stelle dann die Pfanne auf eine große Flamme, gieße so viel Öl hinein, daß es 2 mm hoch den Pfannenboden bedeckt. Wenn das Öl heiß ist, gibst du 2 bis 3 Eßlöffel von der Puffermasse hinein, streichst sie glatt und bäckst die »Eulenkuchen« so wie die »Rippenbiester«. Serviere sie aber nicht mit Zucker, sondern möglichst mit einem frischen Salat.

Hinz und Kunz

Pizza

Du brauchst für 4 bis 6 Portionen

Geräte:
1 Holzbrett – 1 Nudelrolle – 1 Backblech – 1 spitzes Messer

Zutaten:
1 Päckchen gefrorener Blätterteig
150g dünne Salamiwurstscheiben
250g Bierschinken
1 große Zwiebel
6 Tomaten, Salz
150g Schnittkäse

Lasse den Blätterteig auftauen, rolle ihn dann auf dem Brett sorgfältig zu einer Platte aus, die ein bißchen größer als das Backblech und etwa 5 mm dick ist. Spüle das Backblech mit kaltem Wasser ab, lege die Teigplatte darauf und drücke ringsum einen Rand an, der ungefähr 1 cm hoch ist. Verteile darauf in gleichmäßigen Abständen die Salamischeiben (Pelle vorher abziehen!). Schneide den Bierschinken in dünne Streifen, etwa 2 cm breit und 5 cm lang, lege sie zwischen die Salamischeiben. Schäle die Zwiebel, zerschneide sie in dünne Ringe und verteile sie gleichmäßig über die Wurst. Darüber kommen Tomatenscheiben. Wasche die Tomaten ab und schneide sie in Scheiben. Bestreue sie mit sehr wenig Salz. Nun zerschneide den Käse in 2 mm dicke, 2 cm breite und etwa 10 cm lange Streifen. Lege diese gitterförmig über die Tomatenscheiben.

Heize die Backröhre an. Wenn sie heiß ist, stelle sie auf Mittelhitze, schiebe das Backblech hinein und lasse »Hinz und Kunz« 40 Minuten backen.

Hutzelputzel

Bratkartoffeln mit Wurst und Ei

Du brauchst für 2 Portionen

Geräte:

2 Teller – 1 spitzes Messer –
1 Holzbrett – 1 große Tasse –
1 Eßlöffel – 1 Quirl – 1 große Pfanne mit Deckel – 1 Gabel

Zutaten:

400 g gekochte, geschälte Pellkartoffeln
30 g Margarine
2 dünne Scheiben Magerspeck
100 g Jagdwurst
Salz, 1 Zwiebel
2 Eier
3 Eßl. Milch
2 Gewürzgurken
2 Tomaten, Petersilie

Bereite alle Zutaten vor: Schneide die gekochten Kartoffeln in nicht zu dicke Scheiben, vermische sie auf einem Teller vorsichtig mit 2 Messerspitzen Salz. Enthäute die Jagdwurst, schneide sie in 1 cm dicke Scheiben und diese in dünne Streifen, gib sie auf den anderen Teller. Die Zwiebel schäle und schneide in kleine Würfel. Schlage nacheinander die Eier in die Tasse, gieße die Milch dazu und streue 1 Messerspitze Salz darüber. Verquirle die Eier dann gründlich mit der Milch in der Tasse. Spüle die Tomaten und die Gurken mit kaltem Wasser ab, wasche die Petersilie unter fließendem kalten Wasser und lasse sie abtropfen. Die Tomaten schneide in Viertel, die Gurken in Streifen.

Nun stelle die Pfanne auf eine große Flamme und gib die Margarine hinein. Wenn sie zu bräunen beginnt, füge die Magerspeckscheiben hinzu, lasse sie von jeder Seite ½ Minute braten, stelle die Flamme mittelgroß und schütte die Zwiebelwürfel und Jagdwurststreifen in die Pfanne. Lasse alles noch 2 Minuten braten, wende dabei öfters mit der Gabel um. Dann gib die Kartoffelscheiben in die Pfanne, lasse sie 1 bis 2 Minuten braten, wende den Pfanneninhalt um und lasse alles weitere 3 bis 4 Minuten braten. Dabei öfters mit der Gabel das Untere vom Pfannenboden lösen und alles umwenden. Nun gieße die verquirlten Eier über den Pfanneninhalt, stelle die Flamme klein, decke den Deckel über die Pfanne und lasse weitere 3 Minuten braten, bis die Eier gestockt sind. Zwischendurch wieder mit der Gabel alles umwenden. Verteile »Hutzelputzel« gleich auf die Eßteller und garniere diese mit den Tomatenvierteln, Gurkenstreifen und der Petersilie.

Schneewittchen

... In dem Häuschen war alles klein, aber so zierlich und reinlich, daß es nicht zu sagen ist. Da stand ein weißgedecktes Tischlein mit sieben kleinen Tellern, jedes Tellerlein mit seinem Löffelein, ferner sieben Messerlein und Gäbelein und sieben Becherlein. An der Wand waren sieben Bettlein nebeneinander aufgestellt und schneeweiße Laken darüber gedeckt. Schneewittchen, weil es so hungrig und durstig war, aß von jedem Tellerlein ein wenig Gemüse und Brot und trank aus jedem Becherlein einen Tropfen Wein; denn es wollte nicht einem allein alles wegnehmen ...

Christian konnte sich gar nicht vorstellen, daß die Zwerge Brot zum Gemüse gegessen haben. Wenn es noch Reis gewesen wäre! Susanne tippte auf Gemüseeintopf, zu dem sie auch gern eine Scheibe kräftiges Brot ißt. Mathias kannte aber ein Rezept mit Gemüse und Brot, das sogar zu seinen Lieblingsessen gehört.
Was auch auf den Tellern der Zwerge gewesen sein mag, Gemüsegerichte sind in jeder Form sehr gesund, und sie schmecken auch gut, wenn sie richtig zubereitet werden. Das Rezept von Mathias findest du am Ende dieses Kapitels. Probiere aber auch mal die anderen aus, du wirst danach bestimmt ein Anhänger von Gemüsespeisen sein.

Weiß wie Schnee

Blumenkohl mit weißer Soße

Du brauchst für 2 Portionen

Geräte:

1 spitzes Messer – 1 Schüssel – 1 Topf –
1 Tasse – 1 Gabel – 1 flacher Topf –
1 Holzlöffel – 1 Sieblöffel –
1 Holzbrett – 1 Wiegemesser

Zutaten:

1 kleiner Blumenkohl, 1 Teel. Salz
2 Eier
3 Eßl. Kaffeesahne
1 Teel. Zitronensaft
¼ Teel. Zucker
20 g Margarine
1 knapper Eßl. Mehl
1 Prise Paprika
1 Sträußchen Petersilie

Putze den Blumenkohl, d.h. schneide die welken Blätter und ein wenig vom Strunk ab. Wasche ihn gründlich und lege ihn in die Schüssel. Gieße so viel Salzwasser dazu, daß er gerade bedeckt ist. Gieße in den Topf ½ l Wasser, rühre das Salz darunter und lasse es auf großer Flamme aufkochen. Gib den Blumenkohl hinein. Wenn das Wasser wieder aufkocht, stelle die Flamme klein, decke den Topf mit dem Deckel zu und lasse den Blumenkohl 6 bis 8 Minuten leicht kochen. Stelle ihn dann beiseite. Schlage die Eier in die Tasse, gib die Kaffeesahne, den Zitronensaft und Zucker dazu und verrühre alles gründlich mit der Gabel. Nun läßt du in dem flachen Topf die Margarine auf großer Flamme zerlaufen und rührst mit dem Holzlöffel das Mehl darunter, bis alles schön glatt ist. Gieße nach und nach das Blumenkohlwasser dazu, so viel, daß eine dickliche Soße entsteht. Lasse sie aufkochen, rühre aber ständig um, damit keine Klumpen entstehen. Gib die Prise Paprika zu und schmecke ab, ob noch ein bißchen Salz fehlt. Dann rühre das Eigemisch aus der Tasse darunter, lasse al-

les noch mal richtig heiß werden, aber nicht aufkochen (sonst gerinnt das Eiweiß, und die Soße wird nicht glatt). Nimm den Topf mit der Soße vom Feuer und setze mit dem Sieblöffel den Blumenkohl hinein. Lasse ihn zugedeckt noch ein paar Minuten stehen. Inzwischen wasche und wiege die Petersilie und streue sie dann über das Gemüse. Du könntest zu »Weiß wie Schnee« Kurzkochreis oder Toast servieren. (Reis aber rechtzeitig vorher kochen!)

Prinzenmahl

Blumenkohl mit Semmelbröseln

Du brauchst für 2 Portionen

Geräte:
1 spitzes Messer – 1 Schüssel – 1 Topf – 1 Pfanne – 1 Gabel – 1 Sieblöffel – 1 Servierteller

Zutaten:
1 kleiner Blumenkohl, 1/2 Teel. Salz
4 bis 5 gekochte, geschälte Pellkartoffeln
20 g Margarine
20 g Butter, 2 Eßl. Semmelmehl

Bereite den Blumenkohl wie bei »Weiß wie Schnee« vor. Gieße in den Topf 1/4 l Wasser und verrühre es mit 1/4 Teelöffel Salz. Bringe es auf großer Flamme zum Kochen, gib den Blumenkohl hinein, stelle die Flamme klein und lasse den Blumenkohl 6 bis 8 Minuten kochen. Inzwischen schneide die Kartoffeln in Würfel, gib die Margarine in die Pfanne und lasse sie auf großer Flamme anbräunen. Gib die Kartoffelwürfel hinein, streue ganz wenig Salz darüber und brate sie 4 bis 5 Minuten. Dabei mußt du ständig mit der Gabel umrühren. Nimm dann den Blumenkohl mit dem Sieblöffel aus dem Topf, hebe ihn in die Mitte des Serviertellers und umlege ihn mit den fertigen Bratkartoffeln. Lasse auf großer Flamme in der Pfanne die Butter zerlaufen, gib das Semmelmehl hinein, stelle die Flamme klein und verrühre 1 Minute lang die Butter mit dem Semmelmehl, bis es goldgelb ist. Verteile das geröstete Semmelmehl über dem Blumenkohl und bringe das Essen sofort zu Tisch.

Wichtelmann

Möhrengemüse

Du brauchst für 2 bis 3 Portionen

Geräte:
1 spitzes Messer – 1 Topf – 1 Schüssel – 1 Holzbrett – 1 Wiegemesser – 1 Gabel

Zutaten:
4 bis 5 große Mohrrüben
150g Schabefleisch, $\frac{1}{2}$ Teel. Salz
3 Pimentkörner, 1 Lorbeerblatt
$\frac{1}{4}$ Teel. Zucker
20g Butter, 1 Sträußchen Petersilie

Schabe die Mohrrüben, spüle sie mit kaltem Wasser ab, schneide sie in nicht zu dicke Scheiben und gib sie in den Topf. Fülle soviel Wasser darüber, daß die Mohrrübenscheiben gerade bedeckt sind. Verknete das Schabefleisch mit ganz wenig Salz, forme kleine Kugeln daraus (nicht größer als Walnüsse) und lege sie über die Mohrrübenscheiben. Gib das restliche Salz (weniger als $\frac{1}{2}$ Teelöffel), die Pimentkörner, das Lorbeerblatt sowie den Zucker dazu und setze den Topf auf eine große Flamme. Wenn alles aufkocht, stelle die Flamme klein, decke den Deckel auf den Topf und lasse die Mohrrüben 10 Minuten kochen. Prüfe nach dieser Zeit, ob sie schon gar sind. Sie sollen nicht zu weich, dürfen aber auch nicht mehr hart sein. (Wenn die Mohrrüben schon etwas älter sind, mußt du sie vielleicht ein paar Minuten länger kochen lassen!)
Inzwischen wasche und wiege die Petersilie. Unter das fertige Gemüse mische zuerst die frische Butter, dann die Petersilie. Du kannst zu »Wichtelmann« Salzkartoffeln, Reis oder Pommes frites servieren. Beachte, daß du Salzkartoffeln eher ansetzen mußt als die Mohrrüben, damit sie gar sind.

Zwergengemüse

Spinat mit Spiegelei

Du brauchst für 3 Portionen
Geräte:
1 Holzbrett – 1 spitzes Messer – 1 flacher Topf – 1 Holzlöffel – 1 kleines Reibeisen – 1 Tasse – 1 Pfanne
Zutaten:
30g Margarine, 1 Zwiebel
1 Päckchen Gefrierkostspinat
$\frac{1}{4}$ Teel. Salz
1 Prise Muskatnuß
4 Eßl. Kaffeesahne
30g Butter
3 Eier

Schäle die Zwiebel, schneide sie in kleine Würfel, zerlasse in dem Topf die Margarine auf großer Flamme und lasse darin die Zwiebelwürfel glasig dünsten ($\frac{1}{2}$ Minute). Rühre sie dabei ständig um. Gib den Spinat dazu. Wende den Spinateis-

block ab und zu um, damit er nicht nur unten auftaut. Wenn alles geschmolzen ist und der Spinat zu kochen anfängt, läßt du ihn noch 2 Minuten leicht kochen, dabei Flamme klein stellen und ständig rühren. (Vorsicht, der Spinat spritzt manchmal aus dem Topf heraus, dann die Flamme so klein wie möglich stellen!) Streue das Salz und reibe ein bißchen Muskatnuß darüber, gieße die Kaffeesahne dazu und verrühre alles gründlich.
Lasse nun in der Pfanne die Butter heiß werden, gib die Eier hinein (vorher einzeln in die Tasse schlagen) und brate sie auf sehr kleiner Flamme, bis das Eiweiß geronnen ist. Bestreue die Eier mit sehr wenig Salz. Zum »Zwergengemüse« schmecken am besten Salz- oder Bratkartoffeln. Die müßtest du aber schon fertig haben, ehe du die Eier brätst.

Alles in einem Topf

Mischgemüseeintopf

Du brauchst für 4 Portionen

Geräte:
1 großer Topf – 1 Teller –
1 Holzlöffel – 1 spitzes Messer –
1 Holzbrett – 1 Wiegemesser

Zutaten:
2 Brühwürfel, Salz
1 Lorbeerblatt
$\frac{1}{4}$ Teel. Zucker
je 150 g gehacktes Rind- und Schweinefleisch
1 Päckchen Mischgemüse aus der Tiefkühltruhe
5 bis 6 große Kartoffeln
1 Zwiebel
20 g Butter
1 Sträußchen Petersilie

Gieße in den Topf 1 l Wasser, gib die Brühwürfel, $\frac{1}{2}$ Teelöffel Salz, das Lorbeerblatt sowie den Zucker hinein und bringe es auf großer Flamme zum Ko-

chen. Inzwischen verknete auf dem Teller das gehackte Fleisch mit ¼ Teelöffel Salz und forme kleine Bällchen daraus. Wenn das Wasser aufkocht, gib die Fleischklößchen hinein, lasse alles wieder aufkochen, stelle die Flamme klein, rühre vorsichtig um und decke den Topf zu. Lasse die Brühe mit den Fleischbällchen 15 Minuten kochen. Inzwischen schäle die Kartoffeln, schneide sie in größere Würfel, schäle die Zwiebel und schneide sie in sehr kleine Würfelchen. Wenn die 15 Minuten Kochzeit um sind, schütte das tiefgefrorene Gemüse, die Zwiebel- und Kartoffelwürfel in den Topf. Stelle die Flamme groß, bis alles aufkocht, und rühre vorsichtig mit dem Holzlöffel um. Dann drehe die Flamme wieder klein und lasse »Alles in einem Topf« 12 Minuten kochen. Prüfe schon nach 10 Minuten, ob das Gemüse weich genug ist. Es soll nicht mehr hart, darf aber auch nicht zu weich sein. Nimm den Topf vom Feuer (Vorsicht, Topflappen!), rühre die Butter darunter und lasse das Essen noch 10 Minuten stehen, damit es durchzieht. In dieser Zeit wasche und wiege die Petersilie, die du zuletzt vorsichtig mit dem Holzlöffel untermischst. Stelle dazu Vollkornbrotscheiben auf den Tisch.

Jägerschmaus

gedünstetes Salatgemüse

Du brauchst für 2 bis 3 Portionen

Geräte:

1 Holzbrett – 1 spitzes Messer –
3 Teller – 1 flacher Topf – 1 Holzlöffel

Zutaten:

1 Zwiebel, 1 kleine grüne Gurke
4 mittelgroße Tomaten
2 Paprikafrüchte
100 g Pilze, 30 g Margarine
¼ Teel. Salz, 1 Eßl. Mehl
4 Eßl. Kaffeesahne

Schneide die geschälte Zwiebel in kleine Würfel, gib sie auf einen Teller. Schäle die Gurke dünn ab, schneide sie in größere Würfel, gib sie auf einen anderen Teller. Wasche die Tomaten, schneide sie in Viertel, entferne dabei den Stielansatz und gib sie auf den dritten Teller. Putze die Pilze, spüle sie gründlich unter fließendem Wasser ab, schneide sie in dünne Scheiben und gib sie zu den Zwiebelwürfeln. Schneide die Paprikafrüchte auf, schabe die Kerne heraus, spüle das Fruchtfleisch ab, zerteile es in größere Stücke und gib es zu den Tomaten.
Nun erhitze auf mittelgroßer Flamme die Margarine im Topf, gib die Zwiebel-

würfel und Pilzscheiben hinein und lasse sie 1 Minute dünsten, dabei umrühren. Dann kommen die Gurkenwürfel dazu. Lasse sie, ebenfalls unter ständigem Rühren, 4 Minuten dünsten. Schütte dann die Tomatenviertel und Paprikastücke dazu. Alles zusammen muß nun noch 5 Minuten dünsten. Streue danach Salz und stäube das Mehl darüber, verrühre alles mit dem Holzlöffel. Drehe die Flamme ab, gieße die Sahne dazu und vermische alles noch einmal. Du kannst zum »Jägerschmaus« herzhaftes Brot oder Reis servieren.

Schneewittchen

Spinatauflauf

Du brauchst für 3 bis 4 Portionen

Geräte:

1 Holzbrett – 1 spitzes Messer – 1 Auflaufform – 1 Holzlöffel – 1 Quirl – 1 Tasse – 1 Schüssel – 1 Schneebesen

Zutaten:

1 größere Zwiebel, 30 g Butter
1 Päckchen Gefrierkostspinat
30 g Mehl
1/8 l Sahne, 4 Eier
1/2 Teel. Salz
1 Messerspitze Pfeffer, 1 Prise Muskat

Schäle die Zwiebel und schneide sie in kleine Würfel (siehe Kochlexikon). Zerlasse auf großer Flamme in der Auflaufform die Butter, schütte die Zwiebelwürfel hinein und lasse sie glasig dünsten. Das dauert ungefähr 1 Minute, rühre dabei ständig mit dem Holzlöffel um. Dann gib den Spinat hinein und lasse ihn auftauen. Stelle dabei die Flamme auf Mittelhitze und rühre öfters mit dem Holzlöffel um. Verquirle inzwischen in der Tasse das Mehl mit der Hälfte der Sahne. Wenn der Spinateisblock aufgetaut ist und zu kochen beginnt (Vorsicht, Flamme regulieren, damit der heiße Spinat nicht herausspritzt!), mische mit dem Holzlöffel das verquirlte Mehl darunter, nimm die Form vom Feuer und heize die Backröhre an. Schlage nun nach und nach die Eier auf, die Eigelb gib in die Tasse, die Eiweiß lasse in die Schüssel fließen. Verrühre die Eigelb mit der restlichen Sahne und schlage die Eiweiß zu Schnee. Würze dann den Spinat in der Form mit Salz, Pfeffer und Muskat und schlage mit dem Schneebesen das Eigelb kräftig unter die Spinatmasse. Wenn alles schön vermischt ist, hebe vorsichtig mit dem Holzlöffel den Eischnee darunter. Wische den Rand der Form mit einem sauberen Tuch ab und stelle sie in

die vorgeheizte Röhre. Lasse den »Schneewittchen«-Auflauf bei Mittelhitze 30 Minuten backen. Beim Herausnehmen sei sehr vorsichtig, verwende dicke Topflappen!
Du kannst Bratkartoffeln oder Kartoffelbrei dazu servieren. Bereite die Beilage vor, während der Auflauf im Ofen bäckt.

Spieglein an der Wand

Gemüseschnitten

Du brauchst für 2 Portionen

Geräte:
1 spitzes Messer – 1 Holzbrett – 1 flacher Topf – 1 Holzlöffel – 1 Pfanne – 1 Tasse – 1 Toaster – 2 Teller

Zutaten:
Je 125 g Sellerie, Porree und Mohrrüben
20 g Margarine
etwas Salz
20 g Butter
2 Scheiben Kochschinken oder Bierschinken
2 Eier
2 Scheiben Weißbrot

Putze und wasche das Gemüse, schneide alles in kleine dünne Streifchen. Zerlasse in dem flachen Topf auf mittelgroßer Flamme die Margarine, gib die Gemüsestreifchen hinein, streue 3 Messerspitzen Salz darüber und lasse es 4 bis 5 Minuten dünsten. Rühre dabei ständig um. Danach decke den Topf mit dem Deckel zu und halte das Gemüse warm. Gib die Butter in die Pfanne, lasse sie auf mittelgroßer Flamme zerlaufen, dünste darin die Schinkenscheiben von jeder Seite 1 Minute, nimm sie heraus und lege sie über das Gemüse. Nun gib die Eier in die Pfanne (vorher einzeln in die Tasse schlagen!), streue ein ganz kleines bißchen Salz darüber und lasse sie auf kleiner Flamme braten, bis das Eiweiß geronnen ist. Inzwischen toaste das Brot, lege es auf die Teller, gib die Schinken-

scheiben darauf, verteile das Gemüse darüber und setze zuletzt die Spiegeleier darauf. Bringe »Spieglein an der Wand« sofort zu Tisch.

Katerlieschen

Sauerkohl mit Kaßler

Du brauchst für 4 Portionen

Geräte:
1 Schüssel – 1 großes Sieb – 1 großer Topf – 1 spitzes Messer – 1 Raspeleisen – 1 Schüssel – 1 Holzlöffel

Zutaten:
500 g Sauerkohl
3 Mohrrüben
½ Teel. Kümmel
5 Wacholderbeeren
1 Lorbeerblatt
1 Teel. Zucker
4 Scheiben Kaßlerkamm

Schütte den Sauerkohl in die Schüssel, gieße kaltes Wasser darüber, lasse es 2 Minuten stehen und schütte das Gemüse in das Sieb. Probiere, ob es noch sehr sauer ist. In diesem Falle gibst du es nochmal in die Schüssel, füllst Wasser darüber und schüttest es wieder in das Sieb. Schabe die Mohrrüben, spüle sie ab und rasple sie auf dem Raspeleisen in die Schüssel. Gib dann den Sauerkohl, die Mohrrübenraspeln, den Kümmel, das Lorbeerblatt, die Wacholderbeeren und den Zucker in den Topf. Gieße ¼ l Wasser darüber und vermische alles mit dem Holzlöffel. Spüle nun die Kaßlerscheiben mit kaltem Wasser ab und lege sie über das Gemüse. Setze den Topf auf eine große Flamme und lasse alles aufkochen. Dann rühre vorsichtig um, stelle die Flamme klein, decke den Deckel auf den Topf und lasse alles 50 Minuten dünsten. Probiere nach dieser Zeit, ob der Kohl und das Fleisch schon weich genug sind. Andernfalls läßt du alles 10 Minuten länger dünsten. Rühre aber öfters vorsichtig um. Zu »Katerlieschen« könntest du Klöße aus der Tüte (siehe Rezeptverzeichnis) oder Salzkartoffeln servieren. Die kannst du schon kochen, während der Sauerkohl dünstet.

Hinter den sieben Bergen

Paprikafrüchte mit Hackfleisch

Du brauchst für 3 Portionen

Geräte:
1 Topf – 1 spitzes Messer – 1 Schüssel – 1 flacher Topf – 1 Holzlöffel

Zutaten:
1 Beutel Kurzkochreis
Salz
5 bis 6 mittelgroße Paprikafrüchte
200 g Schabefleisch
1 Messerspitze Paprikapulver
1 Messerspitze Zucker
1 Lorbeerblatt
1 Teel. Semmelmehl
20 g Butter

Gieße in den Topf 1 l Wasser, rühre 1 Teelöffel Salz darunter, bringe es auf großer Flamme zum Kochen. Gib den Reis hinein, stelle die Flamme klein und lasse den Reis 10 Minuten zugedeckt kochen.
Inzwischen halbiere die Paprikafrüchte, nimm das Kerngehäuse heraus, spüle die Früchte ab und zerschneide sie in größere Stücke. Verknete das Schabefleisch mit ganz wenig Salz und dem Paprikapulver (feuchte deine Hände dazu an) und forme drei flache, ovale Klopse daraus. Gib die Paprikastücke in den flachen Topf, gieße knapp ½ Tasse Wasser darüber, füge das Lorbeerblatt, den Zukker und 3 Messerspitzen Salz zu. Lege die Fleischklopse darüber und setze den Topf auf eine große Flamme. Wenn alles aufkocht, stelle die Flamme klein, decke den Deckel auf den Topf und lasse das Essen 10 Minuten dünsten. Während dieser Zeit gieße den Reis ab, nimm ihn aber erst dann aus dem Beutel, wenn das Gemüse fertig ist. Wenn dieses 10 Minuten gedünstet hat, streue das Semmelmehl darüber, verrühre alles vorsichtig, lasse das Essen nochmal aufkochen und mische dann die frische Butter darunter. Serviere es sofort mit dem Reis, der nun schön trocken ist.

Die Bremer Stadtmusikanten

…Also machten sie sich auf den Weg nach der Gegend, wo das Licht war, und sahen es bald heller schimmern, und es ward immer größer, bis sie vor ein hell erleuchtetes Räuberhaus kamen. Der Esel, als der größte, näherte sich dem Fenster und schaute hinein. »Was siehst du, Grauschimmel?« fragte der Hahn. »Was ich sehe?« antwortete der Esel, »einen gedeckten Tisch mit schönem Essen und Trinken, und Räuber sitzen daran und lassen sich's wohl sein.«

»Das wäre was für uns«, sprach der Hahn. »Ja, ja, ach, wären wir da!« sagte der Esel. Da ratschlagten die Tiere, wie sie es anfangen müßten, um die Räuber hinauszujagen, und fanden endlich ein Mittel…

Die Räuber haben sich bestimmt Räuberbraten gemacht, sagte Mathias, als er das Märchen zu Ende vorgelesen hatte. Er kannte dieses Gericht und aß es sehr gern. Susanne machte einen Mäkelmund und meinte: Kann schon sein, Räuber essen eben scheußlichen Räuberbraten! Christian dagegen war nur neugierig und wollte wissen, was das für ein Essen sei.
Weißt du, was Räuberbraten ist? Du findest das Rezept dazu anschließend, und wir können dir nur empfehlen, es auszuprobieren. Susanne hat es auch sehr gut geschmeckt, als sie es von Mathias vorgesetzt bekam. Wenn es aber deinem Geschmack nicht vollständig entspricht, so findest du in diesem Räuberessenkapitel andere Rezepte, von denen du bestimmt begeistert bist.

Räuberbraten

Fleischschnitte mit Paprika

Du brauchst für 2 Portionen

Geräte:
1 Holzbrett – 1 Fleischklopfer –
1 Pfanne – 1 spitzes Messer – 1 Gabel –
1 flacher Topf – 1 Holzlöffel – 2 Teller

Zutaten:
2 Scheiben Schweinekamm oder -schnitzel
Salz
1 Zwiebel
2 Paprikafrüchte
3 Tomaten
1 Bund Schnittlauch
30 g Margarine
1 Eßl. Kaffeesahne
2 Scheiben Mischbrot

Überspüle die Fleischscheiben mit kaltem Wasser, trockne sie gut mit Küchenpapier ab, lege sie auf das Holzbrett und klopfe sie von beiden Seiten recht kräftig, damit sie dünn und mürbe werden. Schiebe das Fleisch wieder ein bißchen zusammen und bestreue es von beiden Seiten mit wenig Salz. Schäle die Zwiebel, schneide sie in kleine Würfel. Halbiere die Paprikafrüchte, schabe die Kerne heraus, spüle die Früchte mit kaltem Wasser ab und schneide sie in größere Stücke. Wasche die Tomaten und schneide sie in Viertel. Wasche und zerkleinere den Schnittlauch, lege auf jeden Teller eine Brotscheibe.

Nun zerlasse in der Pfanne 20 g Margarine auf mittelgroßer Flamme, lege die Fleischscheiben hinein, lasse sie von beiden Seiten je 2 Minuten auf mittelgroßer Flamme und dann noch je 3 Minuten auf kleiner Flamme braten. Inzwischen zerlasse in dem Topf auf mittelgroßer Flamme die restlichen 10 g Margarine, gib die Zwiebelwürfel hinein, lasse sie ½ Minute dünsten (dabei immer umrühren), gib die Tomatenviertel und Paprikastücke dazu sowie 2 Messerspitzen Salz. Lasse alles 6 Minuten dünsten. Rühre öfters um und stelle nach 3 Minu-

ten die Flamme klein. Dann rühre die Kaffeesahne darunter und nimm das Gemüse vom Feuer. Schmecke ab, ob noch ein bißchen Salz fehlt. Lege die fertigen Fleischscheiben auf die Brote, übergieße sie mit dem Bratfett und verteile das Gemüse darauf. Streue dann den Schnittlauch auf den »Räuberbraten« und serviere ihn sofort.

Hoppelpoppel

Bratkartoffeln mit Nudeln

Du brauchst für 2 Portionen

Geräte:

1 Schüssel – 1 spitzes Messer –
1 Holzlöffel – 1 Holzbrett – 1 Tasse –
1 Quirl – 1 große Pfanne – 1 Gabel

Zutaten:

150 g gekochte Bandnudeln
4 mittelgroße gekochte Kartoffeln
1/4 Teel. Salz, 1/4 Teel. Majoran
1 Zwiebel, 40 g Margarine
2 Eier

Gib die gekochten Nudeln in die Schüssel, schneide die gekochten Kartoffeln in nicht zu dünne Scheiben, vermische sie mit den Nudeln, dem Salz und Majoran in der Schüssel. (Wenn du Salzkartoffeln verwendest, dann nimm etwas weniger Salz.) Schäle die Zwiebel, schneide sie in sehr kleine Würfel. Lasse in der Pfanne auf mittelgroßer Flamme die Margarine anbräunen, gib die Zwiebelwürfel hinein, lasse sie 1/2 Minute dünsten (dabei immer umrühren) und schütte dann die mit Nudeln vermischten Kartoffeln hinein. Lasse alles ungefähr 6 Minuten braten, wende in dieser Zeit öfters alles um, damit nichts anbrennt. Inzwischen schlage die Eier in die Tasse, verquirle sie und gieße sie gleichmäßig über den Pfanneninhalt. Stelle die Flamme klein und lasse das »Hoppelpoppel« noch 3 bis 4 Minuten braten, bis die Eier gestockt sind. Stochere dabei oft mit der Gabel herum, damit die Eier verteilt werden. Du könntest einen frischen Salat (siehe Rezeptverzeichnis) dazu servieren, den du schon vorher zubereitest.

Musikantenspaß

Makkaronisalat

Du brauchst für 4 Portionen

Geräte:

1 großer Topf – 1 Holzlöffel – 1 großes Sieb – 1 spitzes Messer – 1 Holzbrett – 1 Schüssel

Zutaten:
120 g Makkaroni, Salz
100 g Edamer Käse, 100 g Bierschinken
3 kleine Gewürzgurken
3 kleinere Tomaten
2 Eßl. Mayonnaise
2 Eßl. Joghurt, 1 Teel. Zitronensaft
1/4 Teel. Edelsüßpaprika
1 Teel. Suppenwürze (flüssig)
2 Bund Schnittlauch

Gieße 3 l Wasser in den Topf, gib 1 Eßlöffel Salz dazu, bringe es auf großer Flamme zum Kochen. Schütte die Makkaroni hinein, lasse sie aufkochen (dabei öfters mit dem Holzlöffel umrühren, damit sie nicht zusammenkleben), stelle die Flamme klein, decke den Topf mit dem Deckel zu und lasse die Makkaroni 20 Minuten kochen. Prüfe danach, ob sie schon weich genug sind. Dazu nimm vorsichtig 1 Nudel mit der Gabel heraus. Wenn die Makkaroni gar sind, schrecke sie ab (siehe Kochlexikon) und stelle sie einstweilen beiseite, bis du die anderen Zutaten zubereitet hast.

Schneide den Käse in dünne Streifen, dann in Würfel, ebenso den Bierschinken. Die Gurken schneide in Streifchen, dann in sehr kleine Würfel. Die Tomaten wasche ab, halbiere sie und schneide sie auch in kleine Würfel. Gib alles in die große Schüssel, vermenge es mit der Mayonnaise, dem Joghurt, Zitronensaft, Paprika, der Suppenwürze und 1 Messerspitze Salz. Nun schneide die inzwischen abgekühlten und trockenen Makkaroni in 2 bis 3 cm große Stücke, mische sie unter die anderen Zutaten und stelle die Schüssel 1/2 Stunde in den Kühlschrank. Inzwischen wasche den Schnittlauch, zerschneide ihn in sehr kleine Stückchen (höchstens 5 mm lang) und mische ihn erst kurz vor dem Auftragen unter den »Musikantenspaß«. Schmecke ab, ob noch Salz fehlt. Das ist ein leckerer Salat für das Abendbrot.

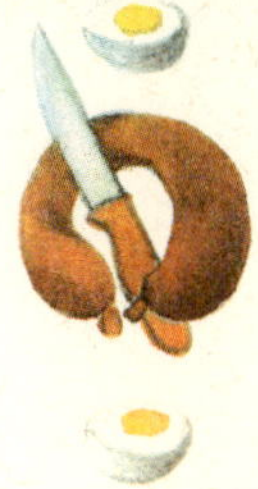

Hahnenschrei

Wurstsalat

Du brauchst für 4 Portionen

Geräte:

1 Holzbrett – 1 spitzes Messer –
1 Schüssel – 1 Löffel – 1 Gabel

Zutaten:

4 Wiener Würstchen
4 mittelgroße Tomaten
125 g grüne Gurke
10 Radieschen
¼ Teel. Salz
¼ Teel. Zucker
2 Eßl. Zitronensaft
2 Eßl. Öl
2 Bund Schnittlauch

Ziehe die Haut von den Würstchen ab und schneide sehr dünne Scheiben. Dann wasche die Tomaten ab, halbiere sie und schneide sie in kleine Würfel. Wenn die Gurke nicht mehr jung und zart ist, schäle sie. Schneide sie in Scheiben, dann in kleine Würfel. Wasche die Radieschen gründlich ab, schneide sie erst in Scheiben, dann in schmale Stäbchen. Vermische in der Schüssel das Salz, den Zukker und Zitronensaft sowie das Öl mit 3 Eßl. Wasser. Mische die Salatzutaten darunter und stelle die Schüssel für 2 Stunden in den Kühlschrank. Du kannst den Salat aber auch schon mittags machen und in den Kühlschrank stellen, wenn du ihn zum Abendbrot haben willst. Kurz vor dem Auftragen wasche und zerkleinere den Schnittlauch und mische ihn unter den Salat. Du kannst dazu getoastetes Weißbrot oder noch besser Vollkornbrot servieren.

Räuberschreck

Kartoffelsalat

Du brauchst für 4 Portionen

Geräte:

1 Holzbrett – 1 spitzes Messer –
1 Schüssel – 1 kleiner Topf –
1 Holzlöffel – 1 flacher Topf

Zutaten:

750 g Kartoffeln
(am Tag zuvor gekocht und abgepellt)
¼ Teel. Salz
1 Brühwürfel
¼ Teel. Zucker, 1 Prise Pfeffer
1 Eßl. Essig
2 Gewürzgurken
1 Bund Radieschen
3 Eßl. Öl
2 Bund Schnittlauch
4 Bockwürste

Schneide die tags zuvor gekochten, geschälten Kartoffeln in ungefähr 1 cm große Würfel und gib sie in die Schüssel. Gieße in den kleinen Topf ⅛ l Wasser, gib das Salz, den Brühwürfel, Zucker und Pfeffer dazu, lasse es auf großer Flamme aufkochen. Nimm die Brühe vom Feuer, lasse sie etwas abkühlen, mische den Essig darunter und gieße sie, wenn sie noch warm ist, über die Kartoffeln. Rühre vorsichtig um. Schneide die Gurken in Streifchen, dann in kleine Würfel, wasche die Radieschen gründlich ab und schneide sie in dünne Scheiben. Gib beides zu den Kartoffeln, gieße das Öl darüber und vermische den Salat gründlich, aber vorsichtig, damit die Kartoffelwürfel nicht matschig werden. Lasse den Salat ½ Stunde stehen, damit er gut durchzieht. Inzwischen wasche und zerkleinere den Schnittlauch und mache die Bockwürste in dem flachen Topf heiß. Dazu gießt du mindestens 1 l kaltes Wasser in den Topf, gibst die Würste hinein und läßt sie auf kleiner Flamme heiß werden. Achte darauf, daß das Wasser nicht kocht, sonst platzen die Würstchen auf. Bevor du den »Räuberschreck« zu Tisch bringst, mische den Schnittlauch darunter und lege die heißen Würstchen darauf.

Grauschimmel

Quark mit Kräutern

Du brauchst für 3 Portionen

Geräte:

1 Schüssel – 1 Sieb – 1 Holzlöffel – 1 Holzbrett – 1 spitzes Messer – 1 Wiegemesser – 1 Gabel

Zutaten:

250 g Quark, 3 Eßl. Milch
3 Eßl. Öl, ½ Teel. Salz
1 Messerspitze Paprikapulver
1 Bund Dill, 1 Bund Petersilie
1 Bund Schnittlauch

Hänge das Sieb über die Schüssel. Drücke mit dem Holzlöffel den Quark durch das Sieb, gib die Milch, das Öl, Salz und den Paprika dazu und verrühre alles gründlich. Putze und wasche die Petersilie und den Dill (die sehr dicken Stengel nicht verwenden), wiege alles klein und gib die Kräuter in die Schüssel. Dann wasche den Schnittlauch gründlich ab, zerschneide ihn in sehr kleine Stückchen und gib ihn auch in die Schüssel. Nun mischst du mit der Gabel das Grünzeug unter den Quark. Du kannst ihn mit Tomatenvierteln und Radieschen garnieren. Bringe zum »Grauschimmel« kräftiges Vollkornbrot auf den Tisch.

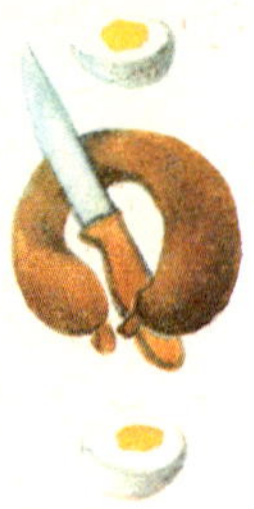

Bremer Schnitten

belegte Brote

Du brauchst für 2 Portionen

Geräte:
1 Holzbrett – 1 Messer – 1 Gabel –
2 Abendbrotteller

Zutaten:
2 Scheiben Vollkornbrot
20 g Butter
2 Teel. Ketchup
2 Scheiben Schnittkäse
8 dünne Scheiben grüne Gurke
Salz
2 Ölsardinen oder 80 g entgräteten Räucherfisch
½ Zitrone

Bestreiche die Brotscheiben mit der Butter, dann mit dem Ketchup. Lege die Käsescheiben darüber und gib die Brote auf die Teller. Verteile die dünnen Gurkenscheiben darüber, streue sehr wenig Salz darauf. Dann lege die Ölsardinen auf die Gurkenscheiben, streue auch darüber ein kleines bißchen Salz. Garniere die Brote mit Zitronenspalten. (Wasche die Zitrone aber vorher gründlich mit heißem Wasser ab!)
Du kannst dir auch selbst Rezepte für belegte Brote ausdenken. Zum Beispiel könntest du auf Butterbrote erst Gurken- und Tomatenscheiben legen, hartgekochte Eier in Scheiben schneiden und darüber verteilen, dann Schnittlauch und etwas Salz darüber streuen.
Leber- und Blutwurstbrote schmecken gut, wenn du etwas Senf darüber streichst und Radieschen dazu servierst. Fettbrote kannst du mit dünnen Scheiben Harzer oder Stangenkäse belegen und mit Streifen von Paprikafrüchten garnieren. Sehr schön ist es auch, wenn du kleine Häppchen schneidest und mit verschiedenen Zutaten belegst. Vergiß nicht, immer etwas Frisches, zum Beispiel einen Salat, dazu auf die Teller zu bringen.

Hund und Katze

belegte Brote

Du brauchst für 2 Portionen

Geräte:

1 Holzbrett – 1 Küchenmesser –
1 Gabel – 2 Abendbrotteller

Zutaten:

2 Scheiben Mischbrot
20 g Butter
4 dünne Scheiben Salami
1 Tomate
½ Camembertkäse
Paprikapulver
1 Bund Radieschen, Salz

Bestreiche die Brotscheiben mit Butter, lege die Salamischeiben darauf, halbiere die Brote und gib sie auf die Teller. Wasche die Tomate, schneide sie in dünne Scheiben und verteile diese auf die halben Brote. Streue ganz wenig Salz darüber. Schneide den Camembertkäse in dünne Scheiben, lege sie über die Tomatenscheiben, streue ein wenig Paprikapulver darüber. Wasche die Radieschen gründlich ab, schneide sie in Scheiben, bestreue sie mit etwas Salz und garniere die Teller damit.

Du kannst die Radieschen auch zu Rosen formen, was besonders schön aussieht. Du brauchst sie nur einige Male kreuz und quer einzuschneiden und 1 Stunde lang in kaltes Wasser zu legen. Sie gehen dann wie Rosen auf. Du darfst die Radieschen aber nicht durch-, sondern nur aufschneiden und mußt das rechtzeitig vor dem Essen tun.

Räubergetränk

Tomatenjoghurt

Du brauchst für 2 bis 3 Portionen

Geräte:

1 Krug – 1 Schneebesen – 1 Gabel

Zutaten:

¼ l Tomatensaft, ¼ l Joghurt
1 Prise Salz, 1 Prise Edelsüßpaprika
2 Eßl. Kaffeesahne

Gieße den Tomatensaft und den Joghurt in den Krug. Gib etwas Salz und Paprika dazu und schlage alles mit dem Schneebesen kräftig durch. Stelle das Räubergetränk für 1 Stunde in den Kühlschrank und rühre vor dem Auftragen die Kaffeesahne mit der Gabel darunter.

Hänsel und Gretel

…Sie gerieten immer tiefer in den Wald, und wenn nicht bald Hilfe kam, so mußten sie verschmachten. Als es Mittag war, sahen sie ein schönes schneeweißes Vöglein auf einem Ast sitzen, das sang so schön, daß sie stehen blieben und ihm zuhörten. Und als es fertig war, flog es vor ihnen her, und sie gingen ihm nach, bis sie zu einem Häuschen gelangten, auf dessen Dach es sich setzte, und als sie ganz nah heran kamen, so sahen sie, daß das Häuschen aus Brot gebaut war und mit Kuchen gedeckt; aber die Fenster waren von hellem Zucker. »Da wollen wir uns dran machen«, sprach Hänsel, »und eine gesegnete Mahlzeit halten. Ich will ein Stück vom Dach essen, Gretel, du kannst vom Fenster essen, das schmeckt süß.«
Hänsel reichte in die Höhe und brach sich ein wenig vom Dach ab, um zu versuchen, wie es schmeckte, und Gretel stellte sich an die Scheiben und knusperte daran…

Hast du auch die Vorstellung, am Hexenhaus müßten noch Pfefferkuchen sein? Die Gebrüder Grimm haben sie nicht besonders erwähnt, aber es kann ja sein, daß es bei den Kuchen auf dem Dach welche gab. Christian jedenfalls bestand darauf, daß es ohne Pfefferkuchen gar kein richtiges Knusperhäuschen wäre. Deshalb findest du unter den Rezepten, die Susanne, Mathias und Christian ausprobiert haben, auch eins für Pfefferkuchen. Es ist ganz einfach, allerdings brauchst du Geschick beim Teigausschneiden und -stechen und Phantasie für die Dekoration.

Die anderen, auch sehr leckeren Rezepte solltest du beim ersten Mal zusammen mit Erwachsenen ausprobieren. Man braucht nämlich ein bißchen Übung beim Backen, weil die Zutaten unterschiedlich ausfallen. (Zum Beispiel sind nicht alle Eier gleichgroß, auch gibt es Mehlsorten, die weniger quellen als andere.) Wenn du aber gut aufpaßt und Interesse am Backen hast, wirst du das Gebäck nach den folgenden Rezepten bald schon völlig selbständig mit deinen Geschwistern oder Freunden nachmachen können.

Mondtörtchen

Vanillekekse

Du brauchst

Geräte:

1 große Schüssel – 1 Sieb –
1 Backblech – 1 Teller – 1 Holzbrett

Zutaten:

125 g geschälte, feingeriebene süße Mandeln
200 g Mehl, 100 g Kartoffelmehl
180 g Zucker, 3 Päckchen Vanillinzucker
200 g Butter

Gib die feingeriebenen Mandeln in die Schüssel. Siebe das Mehl darüber, füge das Kartoffelmehl, 120 g Zucker, 2 Päckchen Vanillinzucker und die Butter (sie muß weich sein, also schon einige Stunden zuvor aus dem Kühlschrank genommen werden) dazu und verknete die Zutaten mit sauberen Händen sehr schnell, aber gründlich zu einem geschmeidigen Teig. Stelle ihn ½ Stunde in den Kühlschrank. Dann forme den Teig zu einer Rolle, schneide walnußgroße Stücke davon ab und forme kleine, nicht zu dünne Halbmonde daraus. Fette das Blech ein, verteile die Halbmonde darauf. Heize die Backröhre an, stelle sie auf 180 °C ein und schiebe das Backblech hinein. Lasse das Gebäck 10 bis 15 Minuten backen, bis es goldgelb ist. (Nach 10 Minuten mal nachsehen, Topflappen nicht vergessen!) Inzwischen vermische auf dem Teller die restlichen 60 g Zucker mit 1 Päckchen Vanillinzucker. Wenn die Mondtörtchen fertig sind, nimm sie heraus und wälze sie, wenn sie noch heiß sind, einzeln in dem vorbereiteten Zuckergemisch, ehe du sie auf dem Holzbrett ausbreitest und abkühlen läßt.

Zaubersternchen

glasierte Plätzchen

Du brauchst

Geräte:

1 große Schüssel – 1 Schneebesen –
1 Holzlöffel – 1 großes Holzbrett –
1 Nudelrolle – 1 Ausstechform (Stern) –
1 Backblech – 1 Sieb – 1 kleinere Schüssel – 1 Pinsel

Zutaten:

200 g Butter, 200 g Zucker
1 Päckchen Vanillinzucker
4 Eigelb
100 g geschälte, geriebene süße Mandeln
2 Eßl. Apfelsinensaft
300 g Mehl
10 g Margarine

Für die Glasur:
250 g Puderzucker, 2 Eßl. Zitronensaft

Gib in die Schüssel die Butter, den Zukker, Vanillinzucker und die Eigelb. Schlage alles so lange mit dem Schneebesen, bis die Masse schaumig ist. Rühre mit dem Holzlöffel die geriebenen Mandeln und nach und nach das Mehl sowie den Apfelsinensaft darunter, bis der Teig schön glatt ist. Stelle den ziemlich festen Teig dann 1 Stunde kalt. Dann rolle ihn auf dem Holzbrett aus, auf das du vorher etwas Mehl streust. Der Teig muß 4 bis 5 mm dick sein. Stich Sterne oder andere Formen aus. Fette das Backblech mit der Margarine ein, lege die Sterne darauf. Heize die Backröhre an, stelle sie auf 170 bis 180°C ein und schiebe das Backblech hinein. Lasse die Sternchen ungefähr 20 Minuten backen, bis sie goldgelb sind. (Sieh nach 15 Minuten nach, ob sie schon fertig sind, Topflappen nicht vergessen!)
Inzwischen siebe den Puderzucker in die kleinere Schüssel, verrühre ihn mit dem Zitronensaft und 2 Eßlöffel Wasser, bis die Glasur glatt ist. Nimm die fertigen Sternchen aus dem Ofen, lasse sie auf dem Blech abkühlen und bestreiche sie dann mit der Glasurmasse.

Knuspermännchen

Mandelkugeln

Du brauchst
Geräte:
1 Topf – 1 Holzbrett – 1 Schüssel –
1 Mandelmühle – 1 Tasse – 1 Sieb –
1 Backblech
Zutaten:
325 g süße Mandeln
200 g Puderzucker
3 Eier
10 g Butter

Bringe in dem Topf auf großer Flamme 1 l Wasser zum Kochen, nimm ihn vom Feuer, schütte die Mandeln hinein und lasse das Wasser abkühlen, bis du hineinfassen kannst. Ziehe dann die Häute von den Mandeln ab (das geht ganz leicht, wenn sie 10 Minuten im heißen Wasser lagen). Breite die Mandeln aus und lasse sie trocken werden. 50 g von den Mandeln mußt du halbieren und beiseite stellen, die anderen drehst du durch die Mandelmühle in die Schüssel. Schütte den Puderzucker in das Sieb und siebe ihn über die gemahlenen Mandeln. Schlage die Eier einzeln in die Tasse. Gieße 1 Eiweiß mit dem Eigelb in die Schüssel, vom zweiten Ei gib nur das Ei-

gelb in die Schüssel. Das Eigelb vom dritten Ei stelle beiseite. (Die beiden übrigen Eiweiß brauchst du nicht für dieses Rezept, sie können für etwas anderes verwendet werden.) Nun verknete die Mandeln mit den anderen Zutaten sehr gründlich zu einem festen Teig. Nimm deine sauberen Hände dazu! Fette das Backblech ein, forme aus dem Teig walnußgroße Kugeln, stecke in jede Kugel hochkant drei halbe Mandeln und bepinsele die Kugeln mit dem restlichen Eigelb. Setze sie auf das Backblech und lasse sie mindestens 12 Stunden (am besten über Nacht) stehen.
Ehe du zu backen anfängst, heize die Backröhre an, stelle die Temperatur auf 150°C ein. Schiebe das Backblech hinein und lasse die »Knuspermännchen« goldgelb backen. Das dauert 20 bis 30 Minuten, je nach der Hitze im Ofen. Sieh also nach 20 Minuten nach, ob sie schon goldgelb sind. Lasse sie auf dem Blech abkühlen, ehe du sie herunternimmst.

Dachziegel

Lukulluskekse

Du brauchst

Geräte:
1 Pfanne – 1 Schüssel – 1 Gabel – 1 breites Messer

Zutaten:
150 g Kokosfett
65 g Zucker
20 g Kakao
1 großes Ei
1 Teel. Vanillinzucker
1 Päckchen Butterkekse
Zum Garnieren:
Liebesperlen oder bunter Puffreis

Zerlasse das Kokosfett auf kleiner Flamme in der Pfanne, nimm es vom Feuer. Verrühre in der Schüssel den Zukker mit dem Kakao, Vanillinzucker und dem Ei, gib tröpfchenweise das heiße Kokosfett dazu, rühre dabei immer alles glatt, bis das Kokosfett aufgebraucht ist. Lasse die Masse abkühlen und bestreiche

dann die Kekse damit. Tauche dazu das Messer jedesmal in kaltes Wasser, dadurch wird die Oberfläche der Masse schön glatt. Noch ehe die Schokoladenmasse völlig fest ist, garniere sie mit Liebesperlen oder Puffreis. Du kannst dir dazu hübsche Muster ausdenken.

Fensterläden

Vanillezwiebäcke

Du brauchst

Geräte:
1 Schüssel – 1 Schneebesen – 1 Löffel –
1 Backblech

Zutaten:
2 Eiweiß
5 Eßl. Zucker
1 Päckchen Vanillinzucker
12 Zwiebäcke

Heize die Backröhre an. Gieße die Eiweiß, die sehr kalt sein müssen, in die Schüssel und schlage sie mit dem Schneebesen sehr steif. Mische vorsichtig den Zucker und Vanillinzucker darunter und bestreiche die Zwiebäcke damit. Setze diese auf das Backblech und stelle es in die Backröhre, die so heiß wie möglich sein muß. Lasse die »Fensterläden« 4 bis 5 Minuten in der Röhre, dann sind sie fertig. Sei vorsichtig beim Herausnehmen, lege dicke Topflappen bereit.

Hexenbälle

gebackene, gefüllte Äpfel

Du brauchst

Geräte:
1 Holzbrett – 1 spitzes Messer –
1 Schüssel – 1 Schneebesen – 1 Löffel –
1 Servierplatte – 1 feuerfeste Form
(evtl. Kuchenspringform)

Zutaten:
6 mittelgroße Äpfel
50 g Butter, 50 g Zucker
$\frac{1}{2}$ Teel. Zimt
2 Eßl. Rosinen
1 Eßl. gewiegte süße Mandeln
$\frac{1}{4}$ l Vanillesoße

Wasche die Äpfel mit kaltem Wasser ab. Stich vorsichtig das Kerngehäuse, die Blüten und den Stielansatz heraus, so daß eine Öffnung entsteht. Trockne die Äpfel ab. Gib 40 g Butter, den Zucker, Zimt und die gewiegten Mandeln in die Schüssel und schlage alles so lange mit dem Schneebesen, bis die Masse schön glatt ist. Rühre dann noch die vorher mit warmem Wasser gewaschenen Rosinen darunter. Heize die Backröhre an. Fülle die Masse mit dem Löffel in die Apfelhöhlen. Fette mit der restlichen Butter die Backform aus, stelle die gefüllten Äpfel hinein und schiebe sie in die vorgeheizte Röhre. Lasse die »Hexenbälle« 15 bis 20 Minuten bei Mittelhitze (etwa 200 °C) backen. Sieh nach 15 Minuten mal nach, ob sie schon knusprig sind. In der Zwischenzeit koche die Vanillesoße genau so, wie auf der Verpackung angegeben ist. Nimm die Form aus der Backröhre (dicke Topflappen!), hebe die Äpfel auf die Servierplatte und gieße die heiße Vanillesoße darüber. Die »Hexenbälle« kannst du als Nachtisch servieren.

Katzenzungen

Blätterteigplätzchen mit Mandelfüllung

Du brauchst

Geräte:

1 Holzbrett – 1 Nudelholz – 1 Glas zum Ausstechen – 1 Wiegemesser – 1 Schüssel – 1 Backblech – 1 Topf – 1 Tasse – 1 Schneebesen

Zutaten:

1 Päckchen Gefrierkostblätterteig
75 g Zucker, 50 g gewiegte süße Mandeln

Für die Creme:
$\frac{1}{4}$ l Milch, 50 g Zucker, 1 Prise Salz
$\frac{1}{2}$ Päckchen Puddingpulver

Lasse den Blätterteig auftauen, rolle ihn ungefähr 1 cm dick aus und stich kleine Plätzchen aus. Vermische auf dem Brett die gewiegten Mandeln mit dem Zucker, breite das Gemisch aus und gib die Hälfte der Plätzchen darauf. Rolle sie mit dem Nudelholz nochmal aus, so daß sie ungefähr 5 mm dick sind und oval werden. Spüle das Backblech mit kaltem Wasser ab und lege die ovalen Plätzchen darauf, mit der Nuß-Zucker-Seite nach oben. Rolle dann die anderen Plätzchen auch oval aus und lege sie ebenfalls auf das Backblech. (Die zweite Hälfte Plätzchen ohne Zucker und Mandeln!)
Heize die Backröhre an, stelle sie auf etwa 180 °C ein und schiebe das Backblech hinein. Lasse die Blätterteigzungen 10 bis 12 Minuten backen, bis sie goldgelb sind. Nimm sie dann mit dem Blech heraus (Topflappen!) und lasse sie abkühlen. Inzwischen gieße in den Topf die Milch, gib den Zucker und das Salz hinzu. Rühre das Puddingpulver in der Tasse mit 3 Eßlöffel Wasser glatt. Bringe die Milch unter Rühren zum Kochen, gieße das Puddingpulver dazu, rühre al-

les um, lasse die Masse kurz aufkochen und nimm sie vom Feuer. Streiche die Creme dann auf die Plätzchen ohne Mandeln und Zucker, lege die bestreuten Zungen darüber und stelle die »Katzenzungen« kühl, bis die Creme völlig fest ist.

Hexenzahn

Prasselkuchen

Du brauchst

Geräte:

1 Holzbrett – 1 Nudelholz – 1 spitzes Messer – 1 Schüssel – 1 Backblech

Zutaten:

1 Päckchen Gefrierkostblätterteig
250 g Mehl
125 g Butter
125 g Zucker, 1 Prise Salz

Lasse den Blätterteig auftauen, rolle ihn ungefähr 5 mm dick aus und zerschneide die Teigplatte in etwa 5 cm × 10 cm große Rechtecke. Verknete in der Schüssel das Mehl mit der Butter, dem Zucker und dem Salz zu Streuseln. Verteile diese auf die Blätterteigstücke und setze sie auf das Backblech, das du vorher mit kaltem Wasser abspülen mußt. Heize die Backröhre an, stelle sie auf 180°C ein und schiebe das Blech hinein. Lasse das Gebäck 25 bis 30 Minuten backen. (Nach 20 Minuten mal nachsehen, ob es schon anfängt, bräunlich zu werden. Topflappen benutzen!)

Wenn du die »Hexenzähne« besonders gut haben willst, kannst du sie noch mit Glasur überziehen. Dazu brauchst du nur 150 g Puderzucker mit 2 Eßlöffel Zitronensaft und 1 Eßlöffel zerlassenem Kokosfett zu verrühren, die noch heißen Gebäckstücke damit zu bestreichen und kalt werden zu lassen.

Flinker Hans

glasierter Kuchen

Du brauchst

Geräte:

1 Schüssel – 1 Holzlöffel – 1 große Springform – 1 großer Kuchenteller – 1 Pinsel

Zutaten:

1 Tasse Öl, 3 Tassen Mehl
1 Päckchen Backpulver
2 Tassen Zucker, 1 Prise Salz
4 Eier
1 Tasse Selterswasser
10 g Margarine

Für die Glasur:
125 g Puderzucker
1 Eßl. Zitronensaft
1 Eßl. Wasser
bunte Streusel zum Bestreuen

Vermische in der Schüssel das Öl mit dem Mehl, Backpulver, Zucker, Salz und den Eiern sehr gründlich. (Am besten mit dem Rührgerät der Küchenmaschine. Wenn ihr keine habt, so mußt du länger mit dem Holzlöffel rühren.) Wenn der Teig gut gemischt ist, gibst du das Selterswasser dazu und vermischst den Teig nochmals gründlich. Fette die Springform mit der Butter aus, gieße den Teig hinein und heize die Backröhre an. Stelle sie auf 200 bis 220°C ein. Wenn die Röhre heiß ist, schiebe die Springform hinein und lasse den Kuchen ungefähr 15 Minuten backen, bis er goldgelb ist. Sieh aber nach 12 Minuten schon mal nach. (Topflappen nicht vergessen!) Während der Kuchen bäckt, verrühre den Puderzucker mit dem Zitronensaft und dem Wasser. Lasse den fertigen Kuchen in der Form etwas abkühlen, nimm ihn dann vorsichtig heraus und hebe ihn auf den Kuchenteller. Bestreiche ihn mit der Glasur und verziere ihn mit bunten Zuckerstreuseln.

Pfefferkuchen-Märchenfiguren

Du brauchst
Geräte:
1 großes Brett – 1 Nudelholz – 1 spitzes Messer – Schablonen zum Ausstechen – 1 Backblech – Butterbrotpapier – 3 kleine Schüsseln für die Glasuren – 1 feiner Pinsel
Zutaten:
1 Päckchen Gefrierkostpfefferkuchenteig
Für die Dekoration:
bunter Puffreis
Liebesperlen
geschälte süße Mandelhälften
Zuckerglasur (100 g Staubzucker mit 2 Eßl. Wasser verrühren)
Schokoladenglasur (100 g Staubzucker mit 10 g Kakao und 2 Eßl. Wasser verrühren)

Dieses Rezept ist so einfach, daß du es ohne deine Eltern ausprobieren kannst. Einige Tage, bevor du mit dem Backen beginnst, stellst du dir die Schablonen her. Zeichne Märchenfiguren auf Karton, zum Beispiel Hänsel und Gretel, Rotkäppchen, die Prinzessin Dornröschen, den gestiefelten Kater oder Figuren, die du sonst noch magst. Weil es auch Teigreste zu verarbeiten gibt, male

auch kleine Monde, Sterne und Herzen auf den Karton. Schneide alle Figuren sauber aus und bemale sie mit Buntstiften, damit du später nicht erst lange überlegen mußt, wie du die gebackenen Figuren ausschmücken könntest. Liebesperlen, Puffreis und süße Mandeln mußt du auch schon vorher einkaufen. Du kannst auch nur Glasuren verwenden. In diesem Falle solltest du aber noch eine rosarote herstellen. Die erhältst du, wenn du Johannisbeersaft oder dunklen Kirschsaft anstelle von Zitronensaft oder Wasser nimmst. Wenn du deine Schablonen fertig hast und alle Zutaten bereit sind, kann es losgehen.

Lasse den Pfefferkuchenteig auftauen, rolle ihn 4 mm dick aus, lege die Schablonen auf die Teigplatte und schneide die Figuren mit dem Messer sauber aus. Fette das Backblech mit etwas Margarine aus, lege die Figuren darauf. Die Teigreste verknete wieder, rolle sie nochmals aus und stich kleine Plätzchen, Herzen oder Sterne aus. Lege sie zwischen die Figuren. Heize die Backröhre an, stelle sie auf ungefähr 180 bis 200 °C ein.

Wenn sie heiß ist, schiebe das Backblech hinein und lasse die Figuren 25 bis 30 Minuten backen, bis sie goldbraun sind. (Nach 20 Minuten schon mal nachsehen, Topflappen nicht vergessen!) Nimm das Blech mit dem fertigen Gebäck aus der Röhre, lasse es abkühlen, aber nicht kalt werden.

Inzwischen breite das Butterbrotpapier aus, stelle deine Glasuren her und halte die anderen Zutaten bereit. Lege das noch warme Gebäck auf das Papier und beginne mit dem Ausschmücken. Zum Beispiel kannst du die Schokoladenglasur für die Haare verwenden, weiße und rosa Glasuren eignen sich für Gesichter und für die »Bekleidung« der Figuren. Mit Puffreis und Liebesperlen kannst du alles noch besser ausschmücken.
Wenn alles fertig ist, lasse die Figuren kalt werden und lege sie vorsichtig in eine Blechdose (dazwischen immer Butterbrotpapier legen, damit sie nicht beschädigt werden!) und hebe sie darin auf.

Rotkäppchen

… Eines Tages sprach seine Mutter zu ihm: »Komm, Rotkäppchen, da hast du ein Stück Kuchen und eine Flasche Wein, bring das der Großmutter hinaus; sie ist krank und schwach und wird sich daran laben. Mach dich auf, bevor es heiß wird, und wenn du hinauskommst, so geh hübsch sittsam und lauf nicht vom Weg ab, sonst fällst du und zerbrichst das Glas, und die Großmutter hat nichts! Und wenn du in ihre Stube kommst, so vergiß nicht, guten Morgen zu sagen, und guck nicht erst in allen Ecken herum.«

»Ich will schon alles gut machen«, sagte Rotkäppchen zur Mutter und gab ihr die Hand darauf…

Christian wollte nach dem Lesen des Märchens vom Rotkäppchen auch mal Wein probieren. Als ihm aber Susanne vorhielt, daß Wein nichts für Kinder ist, sagte er: Ich meine doch Kinderwein! Kannst du dir vorstellen, was Kinderwein sein soll? Mathias fielen gleich eine Menge Getränke ein, die ihm wie richtiger Märchenwein schmecken – auch wenn er nicht krank ist. Du findest die Rezepte dazu in diesem Kapitel. Sie werden dir bestimmt gut gefallen. Probiere sie nach und nach aus und setze sie auch mal deinen Geschwistern vor oder deinen Freunden, wenn du sie zu deinem Geburtstag eingeladen hast.

Großmütterchen

Vanillemilch mit Eis

Du brauchst für 4 Portionen

Geräte:

1 Tasse – 1 Krug – 1 Schneebesen – 4 Gläser – 4 Trinkhalme

Zutaten:

2 Eier
2 Päckchen Vanillinzucker
½ l Milch
4 Kugeln Vanilleeis (oder 2 Päckchen Eiscreme)

Schlage die Eier erst einzeln in die Tasse, gib sie in den Krug, füge den Vanillinzucker hinzu und schlage beides so lange, bis ein dicklicher Schaum entsteht. Gieße die Milch dazu und verrühre sie gründlich mit dem Eischaum. Verteile das Eis in die Gläser, fülle die Vanillemilch darüber und serviere sie sofort mit Trinkhalmen.

Rotkäppchen

Kirschmilch

Du brauchst für 6 Portionen

Geräte:

2 Schüsseln – 1 Schneebesen – 6 Gläser – 1 Schöpfkelle

Zutaten:

2 Eier, 4 Eßl. Zucker
1 Prise Salz
¼ l Kirschsüßmost
½ l Milch

Schlage die Eier auf, lasse das Eigelb in die eine, das Eiweiß in die andere Schüssel fließen. Gib zu den Eigelb den Zukker und das Salz und schlage alles so lange, bis ein dicklicher Schaum entsteht. Rühre den Kirschsüßmost, 2 Tassen Wasser und die Milch darunter. Dann schlage die Eiweiß zu steifem Schnee und mische diesen mit dem Schneebesen

unter das Getränk. Verteile es mit der Schöpfkelle in die Gläser und serviere es sofort. Du könntest dazu eine Schale mit Kleingebäck auf den Tisch stellen, wenn du dir zu »Rotkäppchen« Gäste eingeladen hast.

Morgenschön

Sirupmixmilch

Du brauchst für 1 Portionen

Geräte:
1 Mixbecher – 1 Löffel – 1 Glas –
1 Raspeleisen

Zutaten:
$1/2$ Glas Milch
2 Eßl. Kirsch- oder
anderer Fruchtsirup
5 bis 6 Eiswürfel
1 gehäufter Eßl. Schlagsahne
1 Teel. geraspelte Vollmilchschokolade

Gieße in den Mixbecher die Milch und den Fruchtsirup, gib die Eiswürfel dazu, verschließe den Becher mit dem Deckel und schüttle alles ungefähr 1 Minute durch. Gieße das Mixgetränk in das Glas, fülle die Schlagsahne darüber und bestreue sie mit der Schokolade, die du schon vorher raspeln mußt.

Wenn ihr keinen Mixbecher habt, kannst du auch ein Glas mit festsitzendem Deckel verwenden.

Bruder Lustig

Pfirsichmilchbowle

Du brauchst für 6 bis 8 Portionen

Geräte:
1 Holzbrett – 1 spitzes Messer –
1 Schüssel – 1 Bowlengefäß –
1 Eßlöffel – 1 Schöpfkelle

Zutaten:
500 g Pfirsiche oder Aprikosen
4 Eßl. Zucker, 1 l Milch
2 Flaschen Selterswasser
1 Päckchen Biskuit

Schneide die gewaschenen Pfirsiche in Hälften, nimm die Kerne heraus, würfle die Pfirsichhälften und gib die Würfel in die Schüssel. Streue den Zucker darüber, gieße $1/4$ l Milch dazu, verrühre alles und stelle die Schüssel in den Kühlschrank. Kurz vor dem Servieren gießt du die so vorbereiteten Pfirsichwürfel in das Bowlengefäß (wenn ihr keines habt, kannst du eine Suppenschüssel oder einen Glaskrug verwenden), gieße die restliche Milch sowie das Selterswasser dazu und verrühre alles. Stelle dazu Biskuits auf den Tisch. »Bruder Lustig« könntest du für deinen Geburtstag vorbereiten. Wenn du keine frischen Pfirsiche hast, kannst du auch eingekochtes Obst verwenden. In diesem Falle nimm etwas weniger Zucker und Milch und verwende den Pfirsichsaft mit.

Kuckucksruf

Bananenmilch mit Eis

Du brauchst für 2 Portionen

Geräte:

1 Holzbrettchen – 1 Messer –
1 Mixgerät – 2 Gläser

Zutaten:

4 Würfel Schokolade
$\frac{1}{4}$ l Milch, 1 Banane, 1 Eßl. Zucker
1 Päckchen Eiscreme

Bevor du euer elektrisches Mixgerät benutzt, lasse dir von deinen Eltern genau erklären, wie du damit umgehen mußt. Zerschneide die Schokolade in dünne Streifchen. Gieße dann die Milch in das Mixgerät, füge die zerkleinerte Banane und den Zucker dazu und mixe, bis alles cremig ist. Das dauert nur ungefähr $\frac{1}{2}$ Minute. Verteile die Eiscreme in die Gläser, fülle die Bananenmilch darüber, garniere mit den Schokoladenstreifchen und serviere den »Kuckucksruf« sofort.

Grillenzirp

Beerennußmilch

Du brauchst für 2 Portionen

Geräte:

2 Gläser – 1 Löffel

Zutaten:

1 Päckchen Vanilleeis
4 Eßl. Beerenkompott
2 Teel. geriebene Nüsse
$\frac{1}{4}$ l Milch

Verteile in die Gläser das Eis, gib je 2 Eßlöffel Beerenkompott und 1 Teelöffel geriebene Nüsse (oder süße Mandeln) darüber, fülle die Gläser mit der Milch auf und verrühre alles vorsichtig.

Froschkönig

Buttermilch mit Apfelbrei

Du brauchst für 4 Portionen

Geräte:

1 großer Krug – 1 spitzes Messer –
1 Schüssel – 1 Reibeisen – 1 Schneebesen

Zutaten:
6 Eiswürfel
3 große Äpfel
2 Eier
4 Eßl. Zucker
$^{3}/_{4}$ l Buttermilch

Gib die Eiswürfel in den Krug. Schäle die Äpfel, reibe sie in die Schüssel, vermische den Apfelbrei mit dem Zucker und verrühre ihn mit den Eiswürfeln im Krug. Schlage die Eier (einzeln in die Schüssel geben) so lange mit dem Schneebesen, bis ein dicklicher Schaum entsteht. Rühre den Eierschaum unter den Apfelbrei im Krug. Gieße die Buttermilch darüber und schlage alles zusammen wieder mit dem Schneebesen kräftig durch, bis die Eiswürfel geschmolzen sind. Wenn du »Froschkönig« mit Butterbroten servierst, ergibt das ein gesundes, leckeres Abendessen.

Augenweide

Buttermilch mit Erdbeeren

Du brauchst für 4 Portionen

Geräte:
1 Sieb – 1 spitzes Messer – 1 Schüssel – 1 Löffel – 4 Gläser

Zutaten:
400 g frische Erdbeeren
100 g Zucker
$^{3}/_{4}$ l Buttermilch

Wasche die Erdbeeren gründlich, zupfe die Stiele und Kelchblätter ab. Zerschneide die Beeren in Viertel, gib sie in die Schüssel, mische den Zucker darunter und stelle die Schüssel mindestens 1 Stunde in den Kühlschrank. Dann verteile die Erdbeeren und den Saft, der sich gebildet hat, gleichmäßig in die Gläser, gieße die Buttermilch darüber, rühre um und serviere das Getränk als Nachtisch. Mit ein paar Keksen aufgetragen, kannst du die »Augenweide« auch als Vespermahlzeit servieren.

Siebenschön

Apfelsinenbuttermilch

Du brauchst für 3 Portionen

Geräte:
1 Schüssel – 1 spitzes Messer – 1 Holzbrett – 1 Löffel – 3 Gläser

Zutaten:
3 Apfelsinen
4 Eßl. Zucker
$^{1}/_{2}$ l Buttermilch

Schäle die Apfelsinen. (Halte sie dabei über die Schüssel, damit kein Saft verlorengeht.) Schneide die geschälten Apfelsinen in Scheiben, nimm die Kerne heraus und zerschneide die Scheiben in Würfel. Gib sie mit dem Saft immer gleich in die Schüssel. Vermische die kleinen Apfelsinenwürfel mit dem Zukker und stelle die Schüssel 1 Stunde in den Kühlschrank. Dann verteile die Apfelsinenwürfel und den Saft in die Gläser, gieße die Buttermilch darüber, verrühre alles vorsichtig und bringe »Siebenschön« sehr kalt auf den Tisch.

Timpete

Birnenjoghurt mit Selterswasser

Du brauchst für 4 Portionen

Geräte:

1 Krug – 1 Schneebesen – 4 Gläser

Zutaten:

1 Ei, 2 Eßl. Zucker

$^1/_8$ l Birnensaft

2 Flaschen Joghurt, $^1/_2$ Flasche Selterswasser

Schlage die Eier auf und gib sie in den Krug, schütte den Zucker dazu und schlage alles mit dem Schneebesen so lange, bis ein dicklicher Schaum entsteht. Gieße den Birnensaft, den Joghurt und das Selterswasser in den Krug, schlage alles mit dem Schneebesen, damit »Timpete« gut vermischt ist, ehe du das Getränk in die Gläser füllst und servierst.

Spielhansl

Beerenmusbowle

Du brauchst für 4 bis 6 Portionen

Geräte:

1 Topf – 1 Schüssel – 1 Gabel –
1 Krug – 1 Zitronenpresse –
1 Holzbrett – 1 Löffel

Zutaten:

4 Eiswürfel

400 g Erd- oder Himbeeren

5 Eßl. Zucker

1 Zitrone

2 Flaschen Selterswasser

Bringe in dem Topf $^1/_4$ l Wasser auf großer Flamme zum Kochen, lasse es abkühlen, bis es lauwarm ist und rühre die Eiswürfel darunter. Putze und wasche die Erdbeeren, gib sie in die Schüssel, zerdrücke sie mit der Gabel zu Mus und verrühre dieses mit dem Zucker. Schütte das Beerenmus in den Krug, gieße das Eiswasser darüber. Bürste die Zitrone

mit warmem Wasser ab und schneide sie in Hälften. Presse die eine Hälfte aus und gieße den Saft in den Krug. Schneide die andere Hälfte in Scheiben und gib diese auch in den Krug. Rühre alles gut um, decke den Krug zu und stelle das Getränk für 2 Stunden kalt, damit alles gut durchzieht. Rühre zwischendurch um. Kurz vor dem Servieren brauchst du nur das Selterswasser unterzumischen, das aber auch schön kalt sein muß.
»Spielhansl« eignet sich als Getränk für deine Geburtstagsgäste.

Wenn du deiner Familie am Wochenende das Frühstück zubereiten willst, könntest du mal folgende Getränke ausprobieren:

Hutzelbein

Eiermilch mit Kakao

Du brauchst für 3 Portionen

Geräte:
1 Krug – 1 Schneebesen – 1 Topf

Zutaten:
3 Eier, 1 Prise Salz
3 Eßl. Zucker
2 Eßl. Kakao
$^3/_4$ l Milch

Schlage die Eier in den Krug, gib das Salz, den Zucker und den Kakao dazu und schlage alles, bis ein dicklicher Schaum entsteht. Bringe in dem Topf auf großer Flamme die Milch zum Kochen. (Bleibe dabei stehen, damit sie nicht überläuft!) und schlage sie nach und nach mit dem Schneebesen unter die Eiermasse. Bringe »Hutzelbein« sofort zu Tisch, damit das Getränk nicht kalt wird. Decke deshalb schon vorher den Tisch und stelle darauf, was du sonst noch zum Frühstück servieren willst.

Bienenfleiß

Honigmilch

Du brauchst für 4 Portionen

Geräte:
1 Tasse – 1 Krug – 1 Löffel – 1 Schneebesen – 1 Topf

Zutaten:
2 Eigelb
3 Eßl. Honig
$^3/_4$ l Milch, 1 Prise Salz

Gib die Eigelb in den Krug (das Eiweiß kannst du für etwas anderes verwenden), füge den Honig dazu und schlage beides so lange, bis alles schön cremig ist. Dann bringe die Milch auf großer Flamme zum Kochen, gib das Salz dazu. Nach dem Aufkochen gieße die Milch nach und nach in die Honigmischung. Schlage dabei mit dem Schneebesen alles glatt.

im Topf die Milch zum Kochen, rühre den Honig darunter. Siebe den Tee in die Kanne, gieße die Honigmilch dazu, vermische alles und serviere das Getränk sofort zum Frühstück oder Abendbrot.

Wald und Wiese

Teemilch

Du brauchst für 4 Portionen

Geräte:

1 Krug – 1 Topf – 1 Teekanne – 1 Sieb

Zutaten:

je 1 gehäufter Teel. Fenchel-, Kamillen- und Pfefferminztee
3 Eßl. Honig, 1/4 l Milch

Gib den Tee in den Krug. Bringe in dem Topf 1/2 l Wasser zum Kochen, gieße es in den Krug und decke ihn zu. Dann bringe

Wiesengrund

»grünes« Joghurtgetränk

Du brauchst für 3 bis 4 Portionen

Geräte:

1 Holzbrett – 1 spitzes Messer –
1 Mixgerät – Gläser

Zutaten:

1 grüne Gurke
2 Flaschen Joghurt
1/4 Teel. Salz, 1 Prise Zucker
1 Bund Schnittlauch

Wasche die grüne Gurke gründlich ab, schneide sie in Würfel und gib sie in den Mixbecher. Gieße den Joghurt darüber, füge Salz und etwas Zucker dazu und mixe alles so lange (ungefähr 1/2 Minute), bis die Gurkenwürfel püriert sind. Verteile den Gurkenjoghurt in die Gläser und stelle sie eine halbe Stunde in den Kühlschrank. Inzwischen putze und zerkleinere den Schnittlauch. Streue ihn kurz vor dem Auftragen über die Gläser.

Dornröschen

Wie der Prinz es mit dem Kuß berührt hatte, schlug Dornröschen die Augen auf, erwachte und blickte ihn freundlich an. Da gingen sie zusammen herab, und der König erwachte und die Königin, und der ganze Hofstaat und sahen einander mit großen Augen an …
Das Feuer in der Küche erhob sich, flackerte und kochte das Essen; der Braten fing wieder an zu brutzeln; und der Koch gab dem Jungen eine Ohrfeige, daß er schrie; und die Magd rupfte das Huhn fertig. Und da wurde die Hochzeit des Königssohnes mit dem Dornröschen in aller Pracht gefeiert, und sie lebten vergnügt bis an ihr Ende.

Spielst du mit deinen Freunden auch gern Hochzeit mit Verkleiden? Es gehört zu Susannes und Christians Lieblingsspielen. Mathias aber mag das nicht mehr sehr gern. Deshalb schlug er nach dem Lesen des Märchens vom Dornröschen vor, sich lieber mal Speisen für die Hochzeitstafel auszudenken. Dabei hatte er lauter Schleckereien im Sinn, die er selbst herstellen wollte. Den beiden Kleineren gefiel das auch, und so dachten sich die drei einen Speisezettel aus, den du anschließend findest. Natürlich wirst du nicht alles auf einmal nachmachen, und du mußt auch nicht warten, bis es bei euch eine Hochzeit gibt. Das eine oder andere Rezept könntest du dir aber für Geburtstage oder als Wochenendüberraschung für deine Familie vormerken.

Goldene Wiege

gefüllte Eier

Du brauchst für 4 Portionen

Geräte:

1 Topf – 1 Eßlöffel – 1 Schüssel –
1 Holzbrett – 1 spitzes Messer –
1 Gabel – 1 Messer – 1 Servierplatte

Zutaten:

5 Eier, Salz
1 Eßl. Senf
2 Eßl. Mayonnaise
1 Teel. Zitronensaft
½ Teel. Zucker
4 Scheiben Kastenbrot
20 g Butter
grüner Salat oder Petersilie zum Garnieren

Bringe in dem Topf 1 l Wasser auf großer Flamme zum Kochen, schütte 1 Eßlöffel Salz hinein. Wenn das Wasser kocht, gib einzeln mit dem Eßlöffel die Eier hinein und lasse sie 7 Minuten kochen. Gieße dann das Wasser ab und lasse kaltes Wasser darüberlaufen, bis die Eier abgekühlt sind. Vermische in der Schüssel den Senf mit der Mayonnaise, dem Zitronensaft und Zucker. Schäle die Eier, halbiere sie mit dem scharfen, spitzen Messer, das du vorher jedesmal in heißes Wasser tauchst, damit die Eihälften schön glatt werden. Nimm die Eigelb heraus, gib sie in die Schüssel und verrühre sie gründlich mit der Senfmayonnaisemasse. Fülle diese dann in die halben Eier. Bestreiche das Brot mit der Butter, schneide die Scheiben schräg durch und setze auf jedes Stück Brot ½ gefülltes Ei. Das Eiweiß vom fünften Ei schneide in kleine Würfel und streue diese über die Brote. Ordne die Eibrote auf einer Platte an und garniere sie mit gewaschenen Salatblättern oder Petersilie.

Hochzeitssalat

Reis mit Erbsen

Du brauchst für 4 Portionen

Geräte:

2 Töpfe – 1 Holzlöffel – 1 spitzes Messer – 1 Schüssel –
1 Zitronenpresse – 1 Gabel

Zutaten:

1 Beutel Kurzkochreis
1 Päckchen Gefrierkosterbsen
Salz
1 Lorbeerblatt
½ Zitrone
1 Teel. Zucker
100 g Mayonnaise

Gieße in den einen Topf 1 l Wasser, mische 1 Teelöffel Salz darunter, lasse es auf großer Flamme aufkochen und gib den Beutelreis hinein. Stelle die Flamme klein und lasse den Reis zugedeckt 8 Minuten kochen. Gieße dann das Wasser ab und lasse den Reis im Beutel kalt werden. Inzwischen schütte die Erbsen in den anderen Topf, gieße so viel Wasser darüber, daß sie nicht ganz bedeckt sind, streue $\frac{1}{2}$ Teelöffel Salz darüber, gib das Lorbeerblatt dazu und bringe die Erbsen auf großer Flamme zum Kochen. (Öfters umrühren!) Dann stelle die Flamme klein und lasse die Erbsen dünsten, bis sie weich sind. Das dauert 10 bis 15 Minuten, je nach Sorte der Erbsen. Probiere nach 10 Minuten, ob sie schon weich sind. Lasse sie dann auch kalt werden. Inzwischen presse die Zitrone aus, gieße den Saft in die Schüssel, vermische ihn mit 1 Teelöffel Zucker und der Mayonnaise. Rühre den ausgekühlten Reis und die Erbsen darunter und stelle den »Hochzeitssalat« wenigstens 2 Stunden in den Kühlschrank, ehe du ihn servierst. Du kannst dazu die folgenden »Hühnerspindeln« oder auch Bockwürste auf den Tisch bringen. Vor dem Servieren schmecke ab, ob noch etwas Salz fehlt.

Hühnerspindeln

gebratene Hühnerkeulen

Du brauchst für 4 Portionen

Geräte:

Küchenpapier – 1 Pfanne – 1 Gabel – 1 Eßlöffel

Zutaten:

4 Hühnerkeulen (gefroren)
1 Teel. Salz
1 $\frac{1}{2}$ Teel. Öl
30 g Butter

Lasse die Hühnerkeulchen auftauen, wasche sie unter fließendem kaltem Wasser ab und wische sie mit Küchenpapier völlig trocken. Reibe sie dann mit sehr wenig Salz ein. Heize die Backröhre an, stelle sie auf 160 °C ein. Gib das Öl in die Pfanne, lasse es auf großer Flamme heiß werden, lege die Hühnerbeine hinein und brate sie von jeder Seite $\frac{1}{2}$ Minute.

Schalte die Flamme aus, verteile die Butter über die Hühnerkeulchen und stelle die Pfanne in die gut vorgeheizte Backröhre.
Nach 8 Minuten wende die Hühnerkeulen um (Topflappen!) und lasse sie wieder 8 Minuten backen. Stich dann mit der Gabel in das Fleisch, ob es schon weich ist. Andernfalls läßt du sie noch ein paar Minuten dünsten. Drehe sie dann wieder um, stelle die Flamme der Backröhre so groß wie möglich ein und lasse die »Hühnerspindeln« noch von jeder Seite 3 bis 4 Minuten braten, bis sie knusprig sind. Dann nimm sie aus der Röhre und richte sie sofort auf deinem Salat an. Anstelle von »Hochzeitssalat« kannst du auch gekochten Reis oder Kartoffelbrei und einen frischen Salat dazu servieren.
Sei vorsichtig, wenn du die Pfanne aus der heißen Röhre nimmst!

Dornenhecke

gefüllte Gurke

Du brauchst für 4 Portionen

Geräte:
1 Holzbrett – 1 spitzes scharfes Messer – 1 Sieb – 1 Löffel – 1 Servierplatte

Zutaten:
1 große, dicke grüne Gurke
1 Kopf grüner Salat
300 g italienischer Salat
4 feste Tomaten, etwas Salz
4 Butterbrote
1 Sträußchen Petersilie

Wasche die Gurke mit heißem Wasser ab. Zerschneide sie in acht 4 bis 5 cm dicke Scheiben. Höhle die Scheiben mit dem Küchenmesser etwas aus, aber so, daß du nicht tiefer als 2 cm kommst. Am Rand muß vom Gurkenfleisch ringsum ½ cm übrigbleiben. Nun putze den Salatkopf, spüle die einzelnen Blätter unter fließendem kalten Wasser ab und gib sie in das Sieb zum Abtropfen. Wasche die Tomaten und schneide sie in Scheiben. Halbiere die Butterbrote. Nun lege die Servierplatte mit Salatblättern aus, verteile die Butterbrothälften darauf und belege sie mit Tomatenscheiben. Streue ganz wenig Salz darüber. Fülle dann die Gurkenstückchen mit dem italienischen Salat und gib auf jedes Tomatenbrot 1 Stück gefüllte Gurke. Putze und wasche die Petersilie und stecke auf jedes Gurkenstück ein kleines Sträußchen davon. Die restliche Petersilie kannst du zwischen die Brote legen.

Lebenswecker

gefüllte Tomaten

Du brauchst für 4 Portionen

Geräte:
1 Holzbrett – 1 scharfes Küchenmesser – 1 Mixgerät – 1 Sieb – 1 Wiegemesser – 1 Schüssel – 1 Gabel – 1 Löffel – 1 Servierplatte

Zutaten:
8 nicht zu große feste Tomaten
1 Salatkopf
400 g Speisequark
3 Sträußchen Dill
1 Sträußchen Petersilie
2 mittelgroße Zwiebeln
1/2 Teel. Salz
2 Eßl. Kaffeesahne
1 Eßl. Öl

Wasche die Tomaten mit kaltem Wasser und schneide oben Deckelchen ab. Höhle die Tomaten vorsichtig aus. (Das weiche Innere kannst du für etwas anderes verwenden, zum Beispiel für ein Joghurtgetränk. Dazu rührst du Joghurt, etwas Salz und das Tomateninnere mit dem Mixgerät glatt.) Nun zerteile den Salatkopf in Blätter, spüle jedes Blatt unter fließendem kaltem Wasser ab und gib die Blätter in das Sieb zum Abtropfen. Wasche und wiege den Dill und die Petersilie, die dicken Stengel verwende nicht mit. Schäle die Zwiebeln und schneide sie in kleine Würfel. Gib den Quark in die Schüssel, dann die Zwiebelwürfelchen, das Salz, die gewiegten Kräuter, die Kaffeesahne und das Öl und schlage alles mit der Gabel schön glatt. Schmecke ab, ob noch etwas Salz fehlt. Fülle die Tomaten mit der Kräuter-Quark-Masse, sie muß etwas höher sein als die Öffnung der Tomaten. Gib die Deckelchen darüber. Lege die Servierplatte mit Salatblättern aus und setze auf jedes Blatt 1 Tomate. Serviere dazu dunkles Butterbrot.

Küchenjungen

Paprika mit Wurstsalat

Du brauchst für 4 Portionen

Geräte:
1 Holzbrett – 1 scharfes Küchenmesser – 1 Sieb – 1 Schüssel – 1 Löffel – 1 Gabel – 1 Servierplatte

Zutaten:
4 längliche Paprikafrüchte
250 g Bierschinken
3 kleinere Zwiebeln
1 größere Gewürzgurke

1 Eßl. Ketchup
1 Eßl. Öl
$\frac{1}{4}$ Teel. Salz
1 Teel. Zitronensaft
$\frac{1}{4}$ Teel. Zucker
1 Sträußchen Petersilie

Schneide die Paprikafrüchte längs durch, entkerne sie, spüle die Früchte unter fließendem kaltem Wasser gut ab und lege sie in das Sieb zum Abtropfen.
Schneide den Bierschinken in dünne Streifen, gib diese in die Schüssel. Schäle die Zwiebeln, zerschneide sie in kleine Würfel, gib sie zu den Wurststreifen. Die Gurke schneide zuerst quer 3mal durch, dann diese Stücke in Streifen und zuletzt in Würfel. Gib sie auch in die Schüssel. Nun kommen Ketchup, Öl, Salz, der Zitronensaft und Zucker dazu, und du brauchst diesen Wurstsalat nur noch gründlich mit der Gabel und dem Löffel zu vermischen. Schmecke ab, ob noch etwas Salz fehlt. Stelle die Servierplatte bereit. Verteile den Wurstsalat in die aufgeschnittenen Paprikafrüchte, lege sie immer gleich auf die Platte und garniere mit Petersilienstengeln (vorher die Petersilie auslesen und abspülen). Du kannst Toast oder auch Butterbrote dazu servieren.

Schlafmützen

Blätterteig-Äpfel

Du brauchst

Geräte:
1 großes Holzbrett – 1 Nudelrolle – 1 spitzes Messer – 1 Löffel – 1 kleine Schüssel – 1 Backblech – 1 Sieb

Zutaten:
1 Päckchen Gefrierkostblätterteig
8 kleinere Äpfel
4 Eßl. Konfitüre
50 g süße geriebene Mandeln
2 Eßl. Puderzucker

Lasse den Blätterteig auftauen und rolle ihn zu einer 4 bis 5 mm dicken Platte aus. Zerschneide die Teigplatte in 8 Quadrate, so groß, daß du je 1 Apfel darin einwickeln kannst. Schäle die Äpfel dünn ab und stich das Kerngehäuse aus. Vermische in der Schüssel die Konfitüre mit den Mandeln, fülle sie in die Apfelhöhlen und setze die gefüllten Äpfel auf die Teigquadrate. Schlage die 4 Teigekken über den Apfel, drücke die Ränder fest aneinander. Aus den Teigresten schneide kleine Streifen und lege sie kreuzweise oben über die eingeschlagenen Äpfel. Stelle die Backröhre auf 180°C ein, benetze das Backblech mit

kaltem Wasser, setze die »Schlafmützen« darauf und schiebe das Blech in die vorgeheizte Röhre. Lasse sie 20 Minuten backen, bis sie goldgelb sind. Dann nimm das Blech vorsichtig mit dicken Topflappen heraus und besiebe die Schlafmützen sofort mit Puderzucker. Lasse sie etwas abkühlen, ehe du sie deinen Gästen servierst.

Gute Fee

Puddingsuppe mit Früchten

Du brauchst für 4 Portionen

Geräte:

1 Schüssel – 1 Glasschüssel – 1 Sieb –
1 Topf – 1 Tasse – 1 Löffel –
1 Holzlöffel – 1 Schneebesen

Zutaten:

1 großes Glas eingekochtes Mischobst
½ l Milch
35 g Stärkemehl
10 g Butter
1 Päckchen Vanillinzucker
40 g Zucker
1 Prise Salz
4 Eier

Hänge das Sieb über die Schüssel und gieße die Früchte in das Sieb. (Den Fruchtsaft brauchst du für dieses Rezept nicht, fülle ihn aus der Schüssel in einen Krug oder in Gläser und verwende ihn als Getränk.) Die abgetropften Früchte schütte in die Glasschüssel. Gieße die Milch in den Topf, nimm 3 Eßlöffel heraus und rühre damit in der Tasse das Stärkemehl an. Bringe die Milch auf großer Flamme zum Kochen, gib dabei die Butter, den Vanillinzucker, den anderen Zucker und das Salz hinein und rühre öfters um. Wenn die Milch aufkocht, gieße sofort das angerührte Stärkemehl hinein, lasse es unter Rühren kurz aufwallen und nimm die so entstandene Creme sofort vom Feuer. (Lege vorher schon Topflappen bereit!) Trenne die

Eier einzeln. Gib die Dotter in die Tasse, das Eiweiß in die Schüssel, aus der du vorher den Obstsaft herausgegossen hast. Schlage die Eiweiß zu festem Schnee (siehe Kochlexikon) und hebe ihn mit dem Holzlöffel vorsichtig unter die noch heiße Creme. Schlage diese so lange mit dem Schneebesen, bis sie abgekühlt ist. Nun rühre die Eigelb darunter, gieße die Creme über die Früchte in der Glasschale, vermische alles und serviere die »Gute Fee« kalt.

Schöne Müllerin

Quarkauflauf

Du brauchst für 4 Portionen

Geräte:

1 kleinere Schüssel – 2 große Schüsseln – 1 Sieb – 1 Teller – 1 Holzlöffel – 1 Schlagbesen – 1 Backform (Auflaufform)

Zutaten:

500 g Quark
75 g Grieß
½ Päckchen Backpulver
3 Eier
100 g Zucker
1 Päckchen Vanillinzucker
1 Prise Salz
20 g Butter, 1 Eßl. Semmelmehl

Streiche den Quark durch das Sieb in die kleinere Schüssel. Vermenge auf dem Teller den Grieß mit dem Backpulver. Schlage die Eier auf, lasse die Eiweiß in die eine, die Eigelb in die andere große Schüssel fließen. Schlage die Eigelb mit dem Zucker, Vanillinzucker und Salz schaumig, rühre löffelweise den Quark darunter und zuletzt den mit Backpulver vermischten Grieß. Wenn die Masse zu feucht ist, nimm noch ein bißchen mehr Grieß dazu. Nun schlage das Eiweiß steif und hebe es mit dem Holzlöffel unter die Quarkmasse.

Heize die Backröhre an (Mittelhitze). Streiche die Backform mit 10 g Butter aus, streue das Semmelmehl ringsum hinein, fülle den Teig ein und setze von den letzten 10 g Butter kleine Flöckchen auf. Stelle die »Schöne Müllerin« in die Backröhre und lasse sie bei Mittelhitze 50 Minuten backen. Sieh nach 45 Minuten nach, ob der Auflauf schon fest und goldgelb ist. Laß ihn etwas abkühlen, ehe du ihn servierst. Du kannst die »Schöne Müllerin« mit Obststücken garnieren.

Kleines Kochlexikon

Sicherlich bist du noch kein geübter Rezeptleser und -ausprobierer. Dieses Lexikon soll dir helfen, Kochbegriffe und Arbeitsvorgänge zu verstehen, die du noch nicht kennst. In der Regel wirst du die Rezepte aus diesem Buch ohne Schwierigkeiten nachmachen können, denn sie sind sehr ausführlich beschrieben. Aber du wirst ja, sobald du das 1 × 1 des Kochens gelernt hast, beim Zubereiten deiner Speisen nach eigenem Geschmack verfahren wollen. Dazu ist notwendig, daß du beispielsweise weißt, wie mit Gewürzen umzugehen ist, wie man Gemüse, Fleisch, Fisch, Eier und andere Lebensmittel behandelt. Susanne, Mathias und Christian raten dir sehr, lieber einmal mehr nachzuschlagen, wenn du ein eigenes Rezept ausprobieren oder eines aus diesem Buch verändern willst. Die drei haben nämlich manchen Mißerfolg hinnehmen müssen, ehe ihre Abenteuer mit Kochtopf und Bratpfanne zu einer wirklich guten Mahlzeit führten.
Schlag also öfters mal nach!

Abschmecken. Koste das fertige Essen, ob es richtig gewürzt ist. Wenn es noch zu fad oder lasch schmeckt, mische noch ein bißchen Salz darunter und solche Gewürze, die im Rezept angegeben sind. Aber immer nur wenig! Nimm beim Probieren etwas vom Essen mit einem Holzlöffel heraus und gieße es auf einen anderen Löffel, den du zum Munde führst. Das ist aus hygienischen Gründen sehr wichtig.

Abschrecken. Wenn du über heiße Nudeln, die du ins Sieb gegossen hast, schnell kaltes Wasser gießt, dann sind sie »abgeschreckt«, sie kleben dadurch nicht zusammen. Abschrecken ist auch für Eier wichtig. Nach dem Kochen der Eier schütte das Kochwasser aus und fülle sofort kaltes Wasser über die Eier. Sie lassen sich dann leichter schälen.

Ansetzen. Das Wort hat beim Kochen doppelte Bedeutung. Du kannst etwas ansetzen (z. B. Kartoffeln, Gemüse, Fleisch usw.), das heißt, du gibst die entsprechenden Zutaten in den Topf und stellst ihn auf die Flamme. Ansetzen bedeutet aber auch, daß die Speisen am Topf- oder Pfannenboden angebacken sind. In diesem Falle gieße ein kleines bißchen Wasser dazu und löse das Angesetzte vorsichtig mit einer Gabel oder einem Löffel vom Gefäßboden. Damit nichts anbrennen oder anbacken kann, muß die Flamme so reguliert werden, daß aus dem Kochgefäß nicht zuviel Dampf entweichen kann.

Auffüllen. Wenn das Essen etwas dünner werden soll, so gieße ein wenig Flüssigkeit dazu, rühre um und schmecke ab, ob das Essen noch genug Würze hat. Eine zu dick geratene Puddingsuppe kannst du z. B. mit Milch auffüllen.

Aufkochen. Manche Speisen (z. B. Puddings oder Soßen) dürfen nicht kochen, sonst mißlingen sie. Wenn im Rezept »Aufkochen« angegeben ist, so nimm das Kochgefäß sofort vom Feuer, wenn die Flüssigkeit anfängt, Blasen zu werfen. Aber Vorsicht, verwende Topflappen!

Backen. Siehe unter Garen.

Blattsalat. Siehe unter Salate.

Blumenkohl. Siehe unter Gemüse.

Braten. Auch dieses Wort hat doppelte Bedeutung. Du kennst einen Rinder-,

Schweine-, Gänse- oder auch Hackbraten. In diesem Falle bezeichnet das Substantiv »Braten« eine Speise, bei der das Fleisch im Ganzen gebraten und erst aufgeschnitten wird, wenn es auf den Tisch kommt.
Solche großen »Braten« kannst du jetzt noch nicht herstellen, damit mußt du warten, bis du ein geübter Koch bist. Außerdem braucht man dazu sehr viel Zeit, die du ganz sicherlich nicht hast.
Braten als Verb (klein geschrieben) bedeutet, etwas »in der Pfanne zu braten«. D.h., man erhitzt zuerst Öl oder anderes Bratfett in der Pfanne, legt das Schnitzel, die Buletten oder das panierte Stück Fisch hinein und brät sie von beiden Seiten. Nach je einer Minute stelle die Flamme klein und brate langsam weiter, bis alles gar, das heißt durchgebraten ist.

Bratpfanne. Es gibt große Pfannen, sogenannte Gänsebratpfannen, die meistens rechteckig sind und einen hohen Rand haben. Wenn, wie in den Rezepten aus diesem Buch, nur von einer Pfanne oder Bratpfanne die Rede ist, so sind in der Regel flache, runde Pfannen mit einem langen Stiel gemeint (mancherorts nennt man sie auch Tiegel).

Chicorée. Siehe unter Gemüse.

Dünsten. Mit »dünsten« bezeichnet man eine Garungsart, die von Ernährungsfachleuten sehr empfohlen wird. Denn gedünstete Speisen sind erstens bekömmlicher als Gebratenes, zweitens werden bei dieser Garungsart nicht so viele Vitamine zerstört wie beispielsweise beim Kochen, und drittens schmeckt Gedünstetes sehr gut.
Zum Dünsten brauchst du einen Topf, eine Pfanne oder ein anderes feuerfestes Gefäß mit festschließendem Deckel. Das Kochgefäß wird mit Margarine, Öl, Butter oder Schmalz ausgestrichen (wie im Rezept angegeben). Dann legst du das Gemüse, Fleisch oder den Fisch hinein und stellst es auf eine mittelgroße Flamme. Wenn alles heiß ist, gießt du sehr wenig Flüssigkeit dazu, bedeckst das Gefäß mit dem Deckel und stellst die Flamme klein. Wie lange das Essen dünsten muß, hängt von den jeweiligen Speisen ab. In den Rezepten dieses Buches ist die Dünstzeit angegeben. Wenn du andere Rezepte probierst, bei denen das nicht der Fall ist, mußt du zwischendurch immer mal prüfen, ob das Gemüse, der Fisch oder das Fleisch schon gar, d.h. weich genug ist.

Eier. Wenn du feststellen willst, ob Eier frisch und brauchbar sind, kannst du sie vor eine Tischlampe halten und *durchleuchten.* Frische Eier haben dabei keine Flecke oder Streifen und erscheinen hell. Alte Eier sehen trübe aus und erscheinen dunkel. Meistens schmecken sie dann muffig und können die Speise, für die du sie brauchst, verderben.
Beim *Aufschlagen* von Eiern darfst du das jeweilige Ei deshalb nicht gleich in den Teig, die Suppe oder Soße schlagen. Schlage jedes Ei zuerst in eine Tasse, ehe du es zu der Speise gibst.
Wenn du das Eiweiß vom Eigelb *trennen* willst, so stelle dir eine Tasse und eine Schüssel bereit. Schlage das Ei am Rand der Tasse in der Mitte auf, drücke die Eierschale mit beiden Händen vorsichtig auseinander und lasse das Eiweiß in die Schüssel fließen. Dabei mußt du das Eigelb einige Male von einer Eierschale in die andere gleiten lassen, bis sich alles Eiweiß von Dotter und Schale gelöst hat. Das Eigelb gib in die Tasse, du kannst nun beides gesondert weiter verwenden für deine Speisen.
Willst du *Eischnee* haben, so stelle die Eiweiß (die Eigelb werden dazu nicht verwendet) vorher mindestens eine Stunde in den Kühlschrank. Gib die kalten Eiweiß in eine größere Schüssel, die sehr sauber sein muß. (Wenn auch nur eine Spur von Fett oder Eigelb in der Schüssel ist, gelingt es dir nicht, die Eiweiß steifzuschlagen!) Schlage die Eiweiß mit dem Schneebesen (auch Schaumschläger genannt) langsam, aber kräftig immer nach einer Seite. Nach einigen Minuten entsteht dadurch ein fester Schnee. Diesen darfst du niemals längere Zeit stehen lassen, sonst fallen die eingeschlossenen Luftbläschen zusammen und du hast »Soße« statt Schnee. Schlage die Eiweiß deshalb stets erst kurz vor der Verwendung steif.
Wenn du Eischnee für süße Speisen verwendest, so kannst du ein bißchen Zukker zu den Eiweiß geben, ehe du sie schlägst, dadurch werden sie schneller steif. Verwendest du den Eischnee für herzhafte Speisen, so gib vor dem Schlagen eine Prise Salz dazu.
Beim Vermischen mit deiner jeweiligen Speise darfst du den Eischnee nicht unter*rühren*, sondern mußt ihn vorsichtig mit einem Holzlöffel oder dem Schneebesen unter*heben*, weil sonst die Luftbläschen auch zusammenfallen.

Feuerfeste Form. Man versteht darunter nichtmetallische Kochgefäße, die in den

heißen Backofen gestellt werden können. Es gibt sie aus Jenaer Glas, aus feuerfest verarbeitetem Ton (Keramik) oder Porzellan. Frage zur Vorsicht deine Eltern, ob das Gefäß, das du verwenden willst, auch wirklich »feuerfest« ist, sonst zerspringt es im heißen Ofen.

Fisch. Wenn du Fischfilets braten willst, so bereite sie vorher nach dem 3-S-System vor. Das heißt: Spüle den Fisch unter fließendem kaltem Wasser ab, trockne ihn mit Küchenpapier oder einem sauberen Leinentuch ab, tröpfle Zitronensaft oder etwas Essig darüber. Lasse den Fisch nun 10 Minuten stehen. Ehe du ihn brätst, reibst du ihn mit wenig Salz ein. Du kannst die Filets auch panieren (sieh unter P nach) und in reichlich heißem Öl backen. Wenn du den Fisch dünsten willst, dann lasse Margarine in der Pfanne heiß werden, gib die Fischstücke dazu und lasse sie auf kleiner Flamme zugedeckt 8 bis 10 Minuten gar werden. Du kannst geriebenen Käse darüberstreuen und gewiegte Küchenkräuter, dann hast du eine Schleckermahlzeit für die Familie gemacht.

Fleisch. Du kannst aus jedem Stück Fleisch ein gutes Essen machen, vorausgesetzt, du bereitest es richtig vor und zu. Große Braten wirst du vorläufig noch nicht machen. Aber für deine Schnitzel, Buletten und Wurstgerichte beachte folgende Hinweise:
Für das Gelingen von Schnitzeln ist wichtig, daß du sie schon 2 bis 3 Stunden vor dem Braten panierst (siehe unter P), übereinanderschichtest und in den Kühlschrank stellst. Dadurch werden sie »mürbe« und zart. Außerdem hält die Panade besser. Gib die Schnitzel oder Koteletts (das gilt auch für Buletten und zu bratende Bockwürste) stets in heißes Bratfett, sonst werden sie nicht knusprig.
Wenn du Brüh- oder Bockwürste heiß machen willst, so setze sie mit kaltem Wasser auf eine kleine Flamme und achte darauf, daß das Wasser sehr heiß wird, aber nicht kocht. Andernfalls platzen die Würste auf und schmecken nicht mehr würzig.

Fleischklopfer. Das Gerät kann einem Holzwürfel mit eingekerbter Oberfläche gleichen oder auch kugelförmig sein. In beiden Fällen haben Fleischklopfer einen langen Stiel. Nach dem Benutzen mußt du sie sofort gründlich säubern und an der Luft trocknen lassen.

Garen. Es gibt verschiedene Garungsarten: backen, braten, dünsten, kochen, köcheln. Garen heißt, die jeweilige Speise eßfertig herzustellen.
Unter backen versteht man beispielsweise nicht nur, einen Kuchen in der Ofenröhre zu backen, sondern man bäckt auch Eierkuchen oder Kartoffelpuffer und ähnliche Speisen in der Pfanne.
Die Garungsarten findest du unter den jeweiligen Anfangsbuchstaben beschrieben, zum Beispiel braten unter B.

Gemüse. Ob du Gemüse als Eintopf zubereitest oder dünstest – es ist in jeder Form gesund und schmeckt gut. Du kannst dir das Putzen ersparen, wenn du tiefgefrorenes Gemüse verwendest, allerdings hat es den Nachteil, daß du vor dem Kochen nicht naschen kannst. Ein gefrorener Mohrrübenwürfel schmeckt nicht. Solltest du aber frisches Gemüse verwenden, so schnurpse beim Putzen immer mal ein Stückchen. Das bekommt den Zähnen und auch deinem Appetit. Außerdem enthält rohes Gemüse viel mehr Vitamine als gegartes, und du weißt ja, wie wichtig Vitamine für die Gesundheit sind.
Für die Zubereitung der einzelnen Gemüsesorten solltest du die folgenden Ratschläge beachten.

Blumenkohl: Wenn du Blumenkohl im Ganzen kochen willst, so lege ihn vorher 10 Minuten in Salzwasser. Sollten Raupen oder Käfer im Kohl sein, so kriechen sie heraus und landen nicht als »Fleischbeilage« auf einem Teller.
Setze den Blumenkohl mit dem Strunk nach unten in das Kochgefäß, andernfalls werden die Röschen zu weich und zerfallen, während der Strunk noch hart ist. Falls du den Kohl vorher zerteilst, so setze die Strunkstückchen in kaltem Salzwasser an und gib die Röschen erst dazu, wenn alles schon 3 bis 4 Minuten gekocht hat.

Chicorée: Dieses feine Gemüse kannst du ganz leicht zubereiten. Wasche die einzelnen Stauden gründlich unter fließendem kaltem Wasser ab (hebe die äußeren Blätter an, damit der Sand herausgespült wird) und schneide den bräunlichen Strunk unten nur wenig ab. Du brauchst die Stauden dann nur noch in kochendes Salzwasser zu legen und 4 bis 5 Minuten auf kleiner Flamme leicht kochen zu lassen, ehe du sie mit dem Sieblöffel herausnimmst. Mit brauner Butter beträufelt schmeckt Chicorée sehr gut zu Reis oder Kartoffelbrei.

Grüne Bohnen: Achte beim Putzen darauf, daß die Fäden abgezogen sind. Lasse die Bohnen (das gilt auch für gefrorene) nie zu weich werden. Sie schmecken besser, wenn du sie noch richtig kauen kannst. Vergiß nicht, in jedem Falle Bohnenkraut ins Kochwasser zu geben!

Kohlrabi: Schäle sie sehr dünn ab und achte beim Zerschneiden darauf, daß du die holzigen Stellen entfernst. Dünste die Kohlrabischeiben in wenig Salzwasser nur 4 bis 5 Minuten und gib erst zuletzt frische Butter und gewiegte Petersilie darüber. Vergiß nicht, ein paar Stücke roh zu schnurpsen!

Mohrrüben: Wasche die Mohrrüben erst gründlich ab, ehe du sie mit dem Küchenmesser abschabst (nicht schälen). Du solltest öfters mal einen Salat daraus machen (die Mohrrüben raspeln oder reiben, mit Zucker und Zitronensaft würzen) oder Mohrrüben roh essen.

Paprikafrüchte: Vor der Verwendung mußt du unbedingt den Stengelansatz aus den Früchten schneiden, den Samenstand mit den Kernchen herausnehmen und die Paprikafrüchte mit kaltem Wasser aus- und abspülen.

Du kannst Paprikafrüchte roh essen (sie schmecken gut zu Butterbrot) oder auch dünsten. Sie zu braten ist nicht ratsam, denn sie werden leicht bitter, wenn sie nur ein bißchen anbacken. Gefüllte Paprikafrüchte wirst du sicherlich mal kochen, wenn du schon Erfahrung hast. Sehr leicht zubereiten kannst du aber gedünsteten Paprika. Dazu brauchst du die vorbereiteten Früchte nur zu halbieren, in einen flachen Topf mit sehr wenig Salzwasser zu legen und aufkochen zu lassen. Decke dann den Deckel über den Topf, stelle die Flamme klein und lasse das Gemüse 5 Minuten dünsten. Mische vor dem Servieren frische Butter darunter und streue gewiegte Petersilie darüber. Das Gemüse schmeckt sehr gut zu Kartoffelbrei, Reis oder Spaghetti. Übrigens: Wenn du 1 Paprikafrucht roh ißt, so deckt das deinen Tagesbedarf an dem wichtigen Vitamin C.

Sauerkohl: Wenn du gekochten Sauerkohl nicht zu sauer haben willst, so spüle ihn einige Male mit kaltem Wasser durch. Nimm aber unbedingt vorher etwas Kohl weg, wiege ihn klein und gib ihn später roh unter das fertige Essen.

Sauerkohl kannst du auch als Rohkostsalat zubereiten. Mische viele kleine Zwiebelwürfel unter den kleingeschnittenen Kohl, würze mit Senf und 1 Prise Zucker und vermische den Salat gründlich mit Öl. Lasse ihn dann mindestens 1 Stunde stehen, damit er durchzieht. Schmeckt sehr gut zu Bratkartoffeln!

Spinat: Wenn du dir die Mühe machen willst, frischen Spinat zu verwenden, dann mußt du ihn zuerst gut »verlesen«, das heißt welke Blätter und zu dicke Stengel entfernen. Danach wäschst du das Gemüse 2- bis 3mal in viel kaltem Wasser, das zuletzt völlig klar sein muß. Frischen Spinat brauchst du nicht zu wiegen, sondern kannst ihn als »Blattspinat« servieren. (Die Blätter in kochendes Salzwasser schütten, 2 bis 3 Minuten kochen lassen, mit dem Sieblöffel herausnehmen und in die Servierschüssel geben. Dünste in heißer Margarine kleine Zwiebelwürfel und verteile sie über die Spinatblätter.)
Einfacher ist es, wenn du tiefgefrorenen Spinat verwendest. (Siehe das Rezept »Zwergengemüse« im Kapitel »Schneewittchen«.) Spinat schmeckt übrigens lieblicher, wenn du nach dem Garen etwas Kaffeesahne untermischst.

Zwiebeln gehören an viele Gerichte. Du brauchst beim Schälen und Schneiden nicht zu »weinen«, wenn du am offenen Fenster arbeitest. Zwiebelringe erhältst du, wenn du die geschälte Zwiebel auf ein Brett legst und von einem Ende zum anderen dünne Scheiben abschneidest. Brauchst du kleine Würfel, so schneide die Zwiebel der Länge nach durch, lege die beiden Hälften mit der Schnittfläche nach unten aufs Brett, schneide sie erst in dünne Halbscheiben und diese quer durch zu kleinen Würfeln.

Gewürze. Gehe sehr vorsichtig und sparsam mit Gewürzen um, gib zuerst lieber etwas weniger Salz, Pfeffer oder andere Gewürze, die in den Rezepten angegeben sind, an das Essen. Es kann nämlich schnell passieren, daß du eine Speise durch Überwürzen verdirbst und fast ungenießbar machst. Susanne, Mathias und Christian könnten ein Lied davon singen, sie würzen nun lieber das fertige Essen nach, wenn es noch nicht kräftig genug schmeckt.
Am besten ist jedes Essen, wenn die hinzugefügten Gewürze nicht vorschmekken. Das heißt, Blumenkohl soll nach Blumenkohl schmecken, nicht nach Pfeffer, Salz oder Curry. Ebenso ist es mit anderen Gemüse-, Fleisch-, Fisch- und sonstigen Speisen. Richte dich deshalb am Anfang deiner Kochübungen genau nach den Gewürzangaben, die in den Rezepten dieses Buches enthalten sind.

Erst wenn du als Koch Erfahrungen gesammelt hast, kannst du Gewürze nach eigenem Geschmack verwenden. Welche Gewürze und Küchenkräuter zu den einzelnen Speisen passen, kannst du anschließend nachlesen.

Bohnenkraut gehört in frischer oder getrockneter Form unbedingt zu grünen Bohnen. Das pulverisierte Bohnenkraut in den kleinen Glasröhrchen (Diätgewürze) kannst du auch für Salatsoßen verwenden.

Curry stammt aus Indien. Das Pulver ist aus verschiedenen Gewürzen zusammengemischt. Du kannst es über kurzgebratenes Fleisch oder gedünsteten Fisch streuen, auch über den fertig gekochten Reis. Gebratene Nudeln oder Spaghetti schmecken sehr gut, wenn sie mit etwas Curry gewürzt werden.

Dill macht viele Salate schmackhaft. Wenn kein frischer Dill zu haben ist, kannst du auch den pulverisierten von den Diätgewürzen verwenden.
Dillsoße mit Kochfisch oder gekochten Eiern schmeckt sehr gut. Du brauchst dazu allerdings frischen Dill, den du fein wiegen mußt.

Kapern sind für weiße Soßen zu Fisch, Kochfleisch und gekochten Eiern geeignet. Auch Heringssalat wird mit Kapern feiner. Schütte aber das salzig-saure Wasser aus den Röhrchen weg.

Käse ist nicht nur ein feiner Brotbelag. Mit geriebenem hartem Käse kann man viele Essen gut würzen. Besonders geeignet ist er für Reis- und Teigwarengerichte, aber auch manche Gemüse (Spinat, Chicorée, Blumenkohl) vertragen sich gut mit geriebenem Käse.

Kerbel wird nur frisch verwendet. Dieses Küchenkraut kommt gewaschen und gewiegt an Suppen, Salate und helle Soßen. Wenn du gewiegten Kerbel mit Butter und etwas Salz vermischst, ergibt das einen feinen Brotaufstrich.

Kümmel gibt man an alle Kohlgerichte. Auch neue Kartoffeln schmecken noch besser mit Kümmel im Kochwasser. Du kannst auch 125 g Quark mit 1 Eßlöffel kleinen Zwiebelwürfeln, 1 Eßlöffel Öl, etwas Salz und ½ Teelöffel Kümmel verrühren. Der Kümmelquark schmeckt gut als Brotbelag oder zu Pellkartoffeln. Mische möglichst noch frische gewiegte Kräuter darunter.

Lorbeerblatt brauchst du, wenn du würzige Fleisch- oder Fischbrühen herstellen willst (1 Blatt auf 1 l Brühe!).

Majoran eignet sich besonders für Kartoffel- und Hackfleischgerichte. Mische etwas Majoran unter deine Bratkartoffeln, sie schmecken damit besonders gut.

Muskat gibt man an Teigwaren, Kartoffelklöße oder Kartoffelbrei. Gehe aber sehr sparsam damit um, es genügt schon eine Prise davon.

Nelken werden (jeweils nur 1 bis 2 Stück) in Fleisch- und Fischbrühen mitgekocht. Auch an Rotkraut kann man eine Nelke geben.

Paprika ist gesünder als Pfeffer. Wenn du »Edelsüßpaprika« nimmst, kannst du an deine Reis-, Teigwaren- und Fleischspeisen etwas mehr geben. Stelle Paprika zum Nachwürzen auf den Tisch, auch wenn es kaltes Abendbrot gibt.

Petersilie solltest du erst kurz vor dem Essen waschen und wiegen, andernfalls gehen viele Vitamine verloren. Wenn es bei dir Eintopf oder herzhafte Suppen gibt, so stelle ein Schüsselchen mit gewiegter Petersilie für alle extra auf den Tisch.

Pfeffer solltest du nur sehr selten und recht sparsam verwenden. In Fleischbrühen kannst du 5 bis 7 Pfefferkörner mitkochen.

Piment kannst du anstelle von Pfeffer verwenden. Pimentkörner würzen auch kräftig und machen das Essen nicht so scharf wie Pfeffer.

Salz ist in fast allen Lebensmitteln schon enthalten. Sei deshalb sehr »geizig«, wenn du damit würzt. Stelle lieber den Salzstreuer zum Nachwürzen auf den gedeckten Tisch.

Schnittlauch siehe unter Salate.

Thymian, der in getrockneter Form immer erhältlich ist, könntest du an Tomatensoßen oder -salat geben. Aber immer nur sehr wenig, damit der Thymian nicht zu sehr vorschmeckt!

Vanille gibt es als echtes Gewürz in Stangen. Man schneidet ein Stück ab und kocht es in den Speisen mit. Das Gewürz verwendet man für Obstkaltschalen, Süßspeisen, Kompott, Gebäck und für manche Getränke. Richte dich aber unbedingt nach den Angaben der jeweiligen Rezepte. Häufig nimmt man Vanillinzucker, um einer Speise Vanillegeschmack zu geben.

Wacholderbeeren würzen deinen Sauerkohl sehr gut. An 500 g Sauerkohl gib aber nicht mehr als 5 bis 6 Körner.

Zimt in pulverisierter Form wird vorwiegend für Gebäck verwendet. Es gibt auch Zimtrinde, die man in süßen Suppen mitkocht. Zimtpulver mit Zucker vermischt kannst du zu Milchreis oder süßen Nudeln servieren.

Zitrone kannst du reichlich verwen-

den, denn sie enthält wertvolle Vitamine. Salate schmecken besser und sind gesünder, wenn du Zitronensaft statt Essig verwendest. Viele Süßspeisen werden durch etwas abgeriebene Zitronenschale aromatischer. (Vor dem Abreiben mußt du die Zitrone aber erst mit heißem Wasser gründlich abbürsten, weil die Schale chemisch behandelt ist!) Zitronenscheiben kannst du auf Schnitzel oder gebratenen Fisch legen, das sieht schön aus und macht das Essen pikant.

Zitronenmelisse verwendet man für Kräutersuppen und Salatsoßen.

Zucker ist als Würze für alle süßen und säuerlichen Speisen unentbehrlich. Eine Prise Zucker verfeinert auch Soßen und Gemüsegerichte. An die Marinade für grüne Salate kannst du ein bißchen mehr Zucker geben.

Zwiebel siehe unter Gemüse.

Grüne Bohnen. Siehe unter Gemüse.

Grüne Gurke. Siehe unter Salate.

Heber. Ein Küchengerät, das einer übergroßen Gabel ähnlich sieht. Die Zinken des Hebers sind aber durch Querstangen miteinander verbunden, außerdem hat er einen sehr langen Stiel.

Kartoffeln. Wenn du Pell- oder Salzkartoffeln kochst, stelle die Flamme nach dem Aufkochen klein. Sind die Salzkartoffeln gar, dann gieße sie ab (Deckel etwas beiseite schieben, Topflappen nicht vergessen!) und stelle sie noch für ½ Minute auf die heiße Herdplatte, damit sie abdämpfen, d.h. schön trocken und mehlig werden. Dann decke wieder den Deckel auf und schüttle die Kartoffeln 2- bis 3mal durch, ehe du sie zu Tisch bringst. Fertige Pellkartoffeln, die du in ein großes Sieb gießt, lasse vor dem Servieren ein paar Minuten stehen, damit sie trokken in die Servierschüssel kommen.

Kochmaße und -gewichte. Manche Rezeptzutaten sind so gering an Gewicht, daß du eine Apothekerwaage brauchtest, um sie abzuwiegen. Aber wer hat schon so eine Waage, auf der man beispielsweise 1 g Salz, 5 g Stärkemehl, 10 g Zukker usw. abwiegen kann? In den meisten Kochbüchern werden deshalb bei kleineren Mengen andere Maße angegeben. Es wird von einer Prise, Messerspitze, einem gestrichenen oder gehäuften Löffel gesprochen oder auch von einer Tasse.

Diese Angaben entsprechen folgenden Gewichten:

1 Prise hat kein Grammgewicht. Damit ist gemeint, daß nur eine Spur des Gewürzes zu der Speise gegeben wird.

1 Messerspitze ist schon ein bißchen mehr als eine Spur von Gewürzen. Zum Beispiel wiegt eine Messerspitze Salz ungefähr 0,5 g.

1 gestrichener Teelöffel enthält ungefähr
5 g Salz
4 g Zucker
3 g Stärkemehl
2 g Paprikapulver oder Pfeffer
2 g Zimt

1 gestrichener Eßlöffel enthält ungefähr
15 g Salz
12 g Zucker
9 g Stärkemehl
10 g Mehl oder geriebene Semmel
8 g Haferflocken

Du mußt noch wissen, daß 3 gestrichene Teelöffel 1 gestrichenen Eßlöffel ergeben, und daß 1 gehäufter Eßlöffel soviel wie 2 gestrichene Eßlöffel sind.

1 Tasse enthält ungefähr
95 g Zucker
80 g Mehl
120 g Reis
65 g Haferflocken
1/8 l Flüssigkeit

In den Rezepten dieses Buches sind die Mengen genau angegeben. Wenn du mal nach anderen Rezepten kochst, so beachte unbedingt alle Kochmaße und -gewichte der Rezepturen und vergleiche sie mit den hier aufgeführten.

Kochen. Bei dieser Garungsart sind das Fleisch, Gemüse, die Kartoffeln und sonstigen Nahrungsmittel reichlich mit Flüssigkeit bedeckt, die zunächst sprudelnd aufkochen muß. Dann lasse alles leise weiterkochen, bis das Essen gar ist. Stelle die Flamme klein, decke das Kochgefäß mit dem Deckel zu.

Köcheln. Manche Speisen vertragen es nicht, wenn sie bis zum Garwerden richtig kochen, sondern du mußt sie »köcheln« lassen. Das bedeutet, die Flamme nach dem Aufkochen so klein wie nur möglich zu stellen und das Essen garziehen zu lassen. Die Flüssigkeit im Kochgefäß darf also nicht Blasen schlagen, sondern nur gerade den Siedepunkt erreichen. Das mußt du beachten, wenn »köcheln« in einem Rezept als Garungsart angegeben ist, beispielsweise bei Klößen (sie würden sonst zerkochen).

Kohlrabi. Siehe unter Gemüse.

Mandeln. Ehe du sie verwendest, beispielsweise für dein Weihnachtsgebäck, mußt du sie abziehen. Das ist ganz leicht, wenn du sie in einer Schüssel mit kochendem Wasser übergießt. Lasse die Mandeln 10 Minuten darin liegen, dann kannst du die weißen Mandeln mühelos aus den braunen Häuten »herausschnipsen«.

Milch. Du trinkst hoffentlich jeden Tag Milch, denn sie ist sehr wichtig für deine Gesundheit. Sie enthält hochwertiges Eiweiß, leichtverdauliches Fett, Milchzukker, Mineralsalze, Vitamine und Fermente – alles Nährwerte, die dein Körper unbedingt braucht.

Für den Fall, daß du nicht gern pure Milch trinkst, kannst du dir ja daraus Mixgetränke herstellen (wie im Kapitel »Rotkäppchen«) oder Milchsuppen kochen.

Wenn du Milch kochst, so spüle zuerst den Topf mit kaltem Wasser aus, lasse so viel Wasser drin, daß der Boden bedeckt ist, stelle den Topf auf eine große Flamme und gieße die Milch erst hinein, wenn das Wasser auf dem Topfboden Blasen schlägt. Dadurch brennt die Milch nicht an.

Milch kocht auch leicht über. Wenn du den Topfrand vor dem Kochen mit etwas Butter bestreichst, kannst du das verhindern.

Mohrrüben. Siehe unter Gemüse.

Nudeln. Siehe unter Teigwaren.

Panieren. Die meisten Kinder sind begeistert von panierten Schnitzeln, Wurst- oder Fischscheiben. Du auch? Man paniert Fleischscheiben und Fisch, weil sie dadurch zarter und saftiger zu Tisch kommen. Die gewaschenen Schnitzel oder Koteletts mußt du gut mit Küchenpapier abreiben, dann mit dem Fleischklopfer dünn klopfen. Anschließend würzt du sie von beiden Seiten mit wenig Salz. Nun panierst du, d.h., du wälzt sie in Mehl, tauchst sie beiderseits in gequirltes Ei und zuletzt wälzt du sie in geriebener Semmel. Lege die so behandelten Fleischscheiben übereinander und stelle sie für 2 Stunden in den Kühlschrank. Dadurch bleibt die Panade besser haften, wenn du das Fleisch später brätst.

Fischscheiben beträufelst du vorher mit etwas Essig oder Zitronensaft, dann panierst du sie genauso wie Schnitzel oder Koteletts.

Paprika. Siehe unter Gemüse und Salate.

Quark. Aus diesem sehr gesunden Nahrungsmittel kannst du viele Speisen herstellen, zum Beispiel einen feinen Brotaufstrich. Du brauchst dazu den Quark nur mit wenig Salz zu würzen, mit etwas Milch oder Kaffeesahne glattzurühren und zuletzt reichlich gewiegte Küchenkräuter (Petersilie, Dill, auch Schnittlauch) unterzumischen.
Ganz schnell ist auch eine süße Quarkspeise als Nachtisch oder zu Butterbroten gemacht. Der Quark wird dazu mit ein paar Löffel Milch oder Kaffeesahne und mit Zucker glattgerührt, dann hebt man frisches oder eingekochtes zerkleinertes Obst darunter. Wenn du deinen Quark aber einfach nur mit Milch und Marmelade glattrührst, so schmeckt er auch sehr gut. Beachte jedoch, daß du immer nur soviel Quarkspeise herstellst, wie gegessen wird.
Für den nächsten Tag aufheben kannst du sie nicht, denn Quark gärt sehr schnell und ist dann verdorben.

Radieschen. Siehe unter Salate.

Raspeleisen. Dieses Küchengerät ist einem Reibeisen ähnlich, hat aber viel gröbere Reibe-»Zähne«. Geraspeltes soll ja auch viel gröber sein als Geriebenes.

Reis. Er eignet sich für Suppen, aber auch als Beilage zu Gemüse- und Fleischgerichten.
Wenn du den Kurzkochreis verwendest, so lasse ihn 10 Minuten kochen, dann gieße ihn ab und lasse den Reisbeutel noch 5 Minuten im heißen Kochtopf nachquellen. So wird der Reis körniger.
Anderen Reis mußt du vor dem Kochen immer erst gründlich waschen und dann abtropfen lassen. Du kannst diesen Reis in reichlich kochendes Salzwasser schütten und 15 bis 20 Minuten kochen lassen. (Nimm für 3 bis 4 Personen 2 Tassen Reis!) Rühre während des Kochens öfters mit einem Holzlöffel um. Ist der Reis gar, dann gieße ihn in ein Sieb und lasse ihn abtropfen. So gekochter Reis eignet sich für Suppen, aber auch für »Gebratenen Reis« (siehe »Schreinerschmaus« im Kapitel »Tischlein deck dich«). Willst du Milch- oder Apfelreis kochen, so richte dich nach den Rezepten »Reismauer« und »Weiße Wolke« im Kapitel »Der süße Brei«.

Sägemesser. Das ist ein Messer, dessen Schneide wie eine Säge gezackt ist. Du

solltest es benutzen, wenn du Tomaten, grüne Gurke, Radieschen oder Eier in Scheiben schneiden willst.

Salate. Sie sind beliebt, und man kann sie aus vielen Lebensmitteln herstellen. Du findest in diesem Buch Rezepte für Obst-, Gemüse-, Kartoffel-, Wurst- und Reissalate (sieh im Register nach). Wenn du erst einige Rezepte ausprobiert hast, kannst du mit den Zutaten großzügig umgehen und sie nach eigenem Geschmack etwas verändern. Für Frischkostsalate gibt es aber einige Regeln, die du unbedingt beachten mußt:

Blattsalat (grüner Salat) putze und wasche immer erst kurz vor dem Auftragen, damit er nicht welk wird und zuviel Vitamine verliert.

Grüne Gurke könntest du schon 1 Stunde vor dem Essen waschen, in dünne Scheiben schneiden, mit etwas Salz und sehr wenig Pfeffer bestreuen und mit ½ bis 1 Tasse Zitronenwasser, 1 Prise Zucker sowie etwas Öl vermischen. Der Salat schmeckt besser, wenn er etwas durchzieht.
Grüne Gurke hat nicht allzuviel Nährwert, aber sie schmeckt auch als Brotbelag, ist appetitanregend und zum Garnieren geeignet.

Radieschen mußt du sehr gründlich waschen, ehe du sie auf den Abendbrottisch bringst. Sie sind auch für Mischsalate geeignet.

Tomaten lassen sich vielfältig verwenden. Du kannst sie in Scheiben schneiden, mit etwas Salz würzen, mit Zitronenwasser und etwas Öl vermischen und mit Schnittlauch bestreuen, so hast du einen herzhaften Tomatensalat. Tomaten eignen sich aber auch für Mischsalate und zum Garnieren. Zupfe immer erst die kleinen grünen Kelchblättchen am Stielansatz ab, bevor du die Tomaten wäschst und zerschneidest. Wenn du Tomaten schälen willst, so lege sie in eine Schüssel und gieß kochendes Wasser darüber. Nach 2 bis 3 Minuten kannst du die »Pelle« mit einem spitzen Messer leicht abziehen.

Salatsoße kann man aus saurer Sahne, Joghurt oder einer Marinade herstellen. Richte dich zunächst genau nach den Zutaten, die in den Rezepten für Salatsoßen und -marinaden angegeben sind, ehe du sie dann nach eigenem Geschmack würzt.

Mischsalat besteht aus zerkleinerten Tomaten, grüner Gurke, Paprikafrüchten, Radieschen, Schnittlauch und Zwiebeln sowie einer Marinade. Stelle ihn auch schon wenigstens ½ Stunde vor dem Essen her, damit der Mischsalat durchzieht. Du brauchst nicht alle Salatgemüsesorten dazu, Zwiebelwürfel oder zerkleinerter Schnittlauch sollten aber dabei sein.

Schnittlauch. Siehe unter Salate.

Spinat. Siehe unter Gemüse.

Teigwaren. Das sind Nudeln, Spaghetti, Makkaroni, Spirelli, Hörnchen, Sternchen, Fadennudeln usw. Alle Sorten ergeben ein gutes Essen, wenn sie richtig zubereitet werden. Wie die meisten Kinder wirst vielleicht auch du zu den »Nudelfans« gehören. Aber ein »Nudelgemansche« kann dir leicht eines deiner Lieblingsessen verleiden. Deshalb beachte, wenn du Teigwaren selber kochen willst:

1. Alle Nudelsorten müssen in reichlich Salzwasser gekocht werden (mindestens 3 l Wasser für 1 Päckchen Nudeln, Spaghetti, Makkaroni usw.). Schütte die Nudeln in das kochende Salzwasser, rühre öfters mit einem Holzlöffel um, bis sie aufkochen, stelle die Flamme klein und lasse die Nudeln halb bedeckt gar werden (dabei ab und zu umrühren). Weil die einzelnen Teigwarensorten eine unterschiedliche Kochzeit haben, mußt du nach 12 bis 15 Minuten probieren (mit einem Löffel 1 Nudel herausnehmen), ob sie schon gar sind.
2. Jede Art von Nudeln muß zwar gar, darf aber nicht zu weich gekocht werden. Am besten sind sie, wenn die Zähne noch etwas zum Kauen haben!
3. Wenn deine Teigwaren gar sind, dann gieße sie in ein Sieb und schrecke sie ab, damit sie nicht zusammenkleben (sieh unter Abschrecken nach).

Du kannst sie dann als Beilage in Brühe geben oder aufbraten und mit geriebenem Käse servieren.

Toasten. Das kann man ausnahmsweise auch in der Backröhre, wenn kein Toaster vorhanden ist. Stelle die Röhre auf Mittelhitze ein und lasse die Brotscheiben von jeder Seite in 2 bis 3 Minuten leicht bräunen.

Tomaten. Siehe unter Salate.

Überbacken. Ein fast fertiges Gericht (z. B. Aufläufe, Toastbrote usw.) kannst du für 6 bis 10 Minuten in die heiße

Röhre oder in den Grill stellen, damit es eine leckere Kruste bekommt. Du kannst beispielsweise ein Essen mit Käsescheiben oder gequirlten Eiern und geriebenem Käse überbacken.

Vitamine. Du hast in der Schule schon gelernt, wie wichtig es ist, daß du genügend Vitamine zu dir nimmst. Wenn du täglich Obst, Gemüse, Milch- oder Quarkspeisen, kräftiges Brot und andere Vollkornprodukte ißt, dann bist du mit Vitaminen und mit anderen wichtigen Nährstoffen versorgt. Auch Fleisch- oder Fischgerichte solltest du nicht stehenlassen. Dein Magenfahrplan muß abwechslungsreich sein, dann bist du gut ernährt. Schnurpse so oft wie möglich rohe Möhren, Kohlrabi, Krautstrünke und auch rohes Obst!

Würzen. Wenn du ein Rezept probierst, so gib zuerst lieber etwas weniger Gewürze an das Essen, als in der Rezeptur angegeben, keinesfalls aber mehr! Schmecke das fertige Essen ab und würze zuletzt, wenn nötig, mit etwas Salz oder anderem (wie im Rezept angegeben) nach. Dann bist du sicher, daß dein Essen nicht versalzen oder zu scharf ist.

Welche Gewürze zu welchem Gericht passen, findest du unter dem Stichwort Gewürze aufgeschrieben.

Zitrone. Siehe unter Gewürze.

Rezeptsachverzeichnis

Märchenrezeptverzeichnis

Märchennamen der Gerichte